KB268497

ILLUSTRATION

일러스트레이션 2025

SE
SHOEISHA

iD
잇담북스

편집 히라이즈미 코지 (HIRAIZUMI Koji)

번역 박 유 미
소통하는 글로 저자와 독자 사이의 편안한 징검다리가 되고 싶은 번역가.
영남대학교 식품영양학과 졸업 후 방송통신대학에서 일본학을 공부하며 번역 에이전시 엔터스코리아 출리아 출판기획 및
일본어 전문 번역가로 활동하고 있다.
주요 역서로는『세계를 읽기 위한 그리스 로마 신화 입문』『미술관의 뒷모습』『50개의 키워드로 읽는 프렌즈 아프리카』
『눈으로 보는 그리스 신화』『에이징 혁명』『최강의 해독법』『스토리가 보이는 드로잉의 기술』『일러스트 드릴』 등이 있다.

※ 한국어판 <일러스트레이션 2025>에서는 원서에 있는 작가 Lbf5n, OCHI Shunsuke, KOWAIBARCODE, SUZUKI Seigo, SENKAWA Teien, TONOKO, NAMAE Renraku, MUTA의 작품은 제외하였습니다.

아 A

X (Twitter)   kpnoks   Instagram   kpnoks   URL   —
E-MAIL   kpnsko@gmail.com
TOOL   ibis Paint X / Procreate / iPad

A

PROFILE   A   일러스트레이터로 활동 중이다.

COMMENT   저만의 '귀여운 모습'을 추구하며 그림을 그리고 있습니다. 제 일러스트는 선화 부분이 특징입니다. 향후에는 다양한 분야에 도전해 보고 싶습니다.

1		
		4
2	3	

1 『1118』 Personal Work / 2024   2 『9516』 Personal Work / 2024   3 『1962』 Personal Work / 2024   4 『0212』 Personal Work / 2024

kpnoks

아아몬도 AAMONDO

X (Twitter)   aamond777   Instagram   aamond_777   URL   www.pixiv.net/users/31430204
E-MAIL   aamond777@gmail.com
TOOL   Procreate / CLIP STUDIO PAINT PRO / Photoshop CC / iPad Pro / Artisul SP1603

PROFILE   아이치현 출신으로 현재 거주 중이며, 온라인을 기반으로 활동하는 일러스트레이터. 뾰족하고 선명한 색채를 활용한 그림을 특징으로 하며, 소설 게임 일러스트를 비롯해 캐릭터 디자인, 이벤트 키 비주얼, MV 일러스트 등 다양한 분야의 작업을 폭넓게 제작하고 있다. 작업 외에는 댄스 음악을 즐겨 듣는다.

COMMENT   작품의 첫인상을 결정짓는 구도와 배색, 모티브 배치 등을 여러 번 검토하며 신중하게 다듬습니다. 특히 색채에 있어서는 처음 의도한 배색뿐만 아니라, 톤 커브(tone curve)나 포토배시(Photobash) 과정에서 우연히 생겨나는 색조도 적극적으로 활용합니다. 입체적인 구도와 생생한 색채는 작품의 주요한 특징이며, 2000년대 인터넷 콘텐츠와 음악의 분위기에서 많은 영향을 받았습니다. 앞으로 개인적인 작업에서는 현재 다루고 있는 주제를 본격적으로 심화해 나갈 예정이며, 캐릭터 디자인 작업에도 도전할 계획입니다.

1	3
2	4

1 『Stress』 Personal Work / 2020   2 『DRIFTING (machine meets girl)』 Personal Work / 2024   3 『Origin』 Personal Work / 2024   4 『Mule』 Personal Work / 2023

QUATTRO A2
Do Not
OPEN THIS DOOR
MICHELIN
Cas

아오노코 AONOCO

X (Twitter) aonocom   Instagram aonocom   URL aonocom77.wixsite.com/portfolio
E-MAIL aonocom77@gmail.com
TOOL Procreate / Photoshop CC / iPad Pro

PROFILE
창백하고 권태로운 인물을 그리는 일러스트레이터로, 서적의 표지, 삽화, 광고 및 무대 관련 일러스트, MV 애니메이션 등 다양한 매체에 일러스트를 제공하고 있다. 주요 작업으로는 『유원』(쇼덴샤), 『파인애플의 저편』(가도카와 문고)의 책 표지 일러스트와 『벚꽃 피는 계절의 흐린 하늘(사토 치아키)』의 리릭 비디오 애니메이션 등이 있다. 도쿄를 거점으로 활동하고 있다.

COMMENT
맑은 공기와 상쾌한 바람이 느껴지는 조용한 분위기의 그림을 목표로 제작하고 있습니다. 공허한 표정을 지닌 인물을 자주 그리지만, 눈동자 안에는 강한 의지와 씩씩한 아름다움을 담아내고자 합니다. 시와 이야기, 음악을 좋아하며 많은 멋진 작품에서 영향을 받았 작업을 이어가고 있습니다. 앞으로는 책이나 음악과 관련된 작업에도 참여하고, 자체 제작을 통해 음악에 맞춘 루프 애니메이션(Loop animation)을 제작하며 그릴 수 있는 변화의 폭을 확장해 나가고 싶습니다.

1 『water blue』 Personal Work / 2021   2 『추억』 Personal Work / 2024   3 『아침의 시』 Personal Work / 2024   4 『겨울의 아침』 Personal Work / 2022

아카바네 부기우기 AKABANE Boogiewoogie

X (Twitter)   akabane_1999   Instagram   akabane_1999   URL   www.pixiv.net/users/62191421
E-MAIL   akabane.illust@gmail.com
TOOL   CLIP STUDIO PAINT EX / Cintiq 16

PROFILE   1999년생이며, 2020년부터 프리랜서 일러스트레이터로 활동해 왔다. 서적, 잡지의 표지, CD 재킷, MV 일러스트, Web CM 등 다양한 매체의 작업을 폭넓게 제작하고 있다.

COMMENT   보는 사람이 즐거운 기분을 느낄 수 있는 그림을 그리고 싶습니다. 제 스타일의 특징은 비현실적이면서도 생활의 온기가 느껴지는 그림이라고 생각합니다. 펜네임은 처음에는 좋아하는 지명인 '아카바네'라는 이름으로 활동했지만, 기억하기 쉬운 고유한 이름이 더 좋을 것 같아서 이후 '부기우기'를 덧붙여 '아카바네 부기우기'로 했습니다. 향후에는 더욱 다양한 표현을 모색해, 한층 더 재미있게 작업할 수 있기를 바랍니다.

1
2   3   4

1 『앞날이 눈부셔』 / 무라사키 / CD 재킷 / 2024 / PCI MUSIC   2 『좌식 작업장』 Personal Work / 2022   3 『저녁』 Personal Work / 2022   4 『작업장』 Personal Work / 2022

Amamizu

X (Twitter)　mmqz8　　Instagram　amamizu928　　URL　monlac.tumblr.com
E-MAIL　coro1928@yahoo.co.jp
TOOL　색연필 / 소프트 파스텔 / 잉크

PROFILE　9월 28일생으로 A형이며, 군마 출신이다. 주로 SNS를 통해 작품을 발표하고 있다.

COMMENT　꿈보다 선명하고 현실보다 희미하며, 마음 깊은 곳에 잠든 기억을 떠올리게 하는 그리움이 느껴지는 세계관을 목표로 합니다. 그림을 그릴 때는 부드러움과 곡선, 완만한 흐름을 의식해 작업하며, 전체적으로는 우윳빛을 떠올리게 하는 이미지를 지향합니다. 1980~1990년대의 소녀 만화에서 영향을 받았고, 스타일적으로는 여성 캐릭터 그림을 잘 그립니다. 예를 들면 연약하고 무슨 생각을 하는지 알 수 없으며 쉽게 속마음을 보이지 않지만, 바라보는 사람에게 이해자이면서 공범자가 되어 줄 듯한 분위기를 지닌 소녀입니다. 레이스, 프릴, 리본, 긴 머리카락을 그리는 것이 특징입니다. 펜네임은 지구를 순환하는 자유로운 물처럼 되고 싶다는 마음에서 '아마미즈(雨水, 빗물)'로 했습니다. 향후에는 누군가를 지켜주는 부적 같은 그림을 그릴 수 있기를 희망합니다.

1	2	
3	4	5

1 「chocolate eyes」 Personal Work / 2024　2 「Frozen crown」 Personal Work / 2024　3 「Take me somewhere」 Personal Work / 2024　4 「blue flame」 Personal Work / 2024　5 「Awakening」 Personal Work / 2024

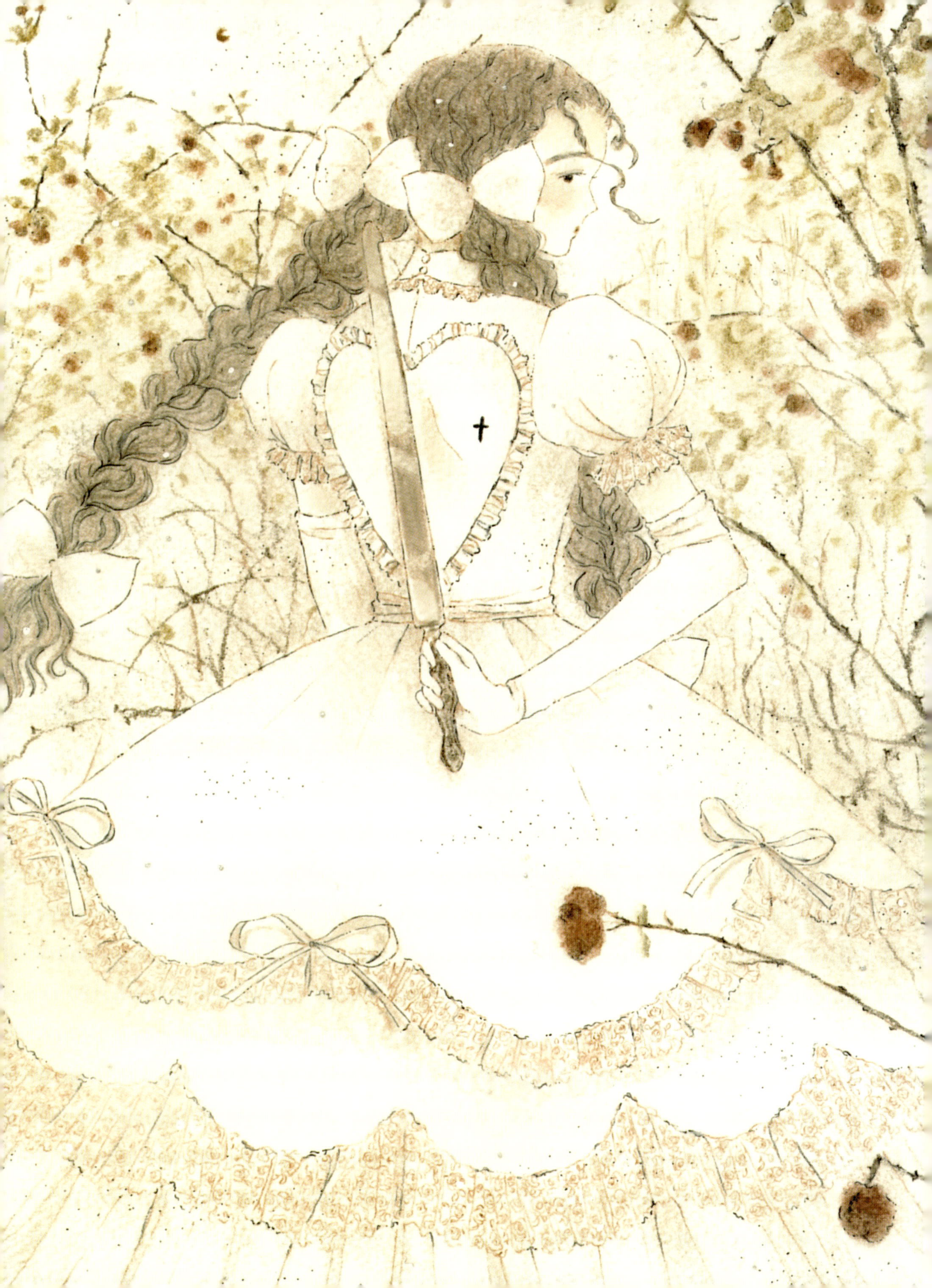

아메비요리 AMEBIYORI

X (Twitter)   anbiyori   Instagram   —   URL   lit.link/amebiyori
E-MAIL   totomoufu@gmail.com
TOOL   CLIP STUDIO PAINT EX / After Effects CC / Cintiq 16 / 연필

PROFILE

나가노현 출신으로, 일러스트레이터로는 2021년부터 활동을 시작했다. 루프 애니메이션(Loop animation)과 일러스트를 통해 어딘가에 존재할지도 모를 캐릭터들의 생활 공간을 그리고 있다. 작품 속의 세계에 자연스럽게 빠져들 수 있는 그림을 구상 중이다.

COMMENT

즐거움과 재미를 잊지 않으려고 노력하면서 작품을 제작하고 있습니다. 또한 시각적으로는 전달할 수 없는 정보(냄새와 소리, 온도와 습도)까지 표현하기 위해, 그림에 어울리는 분위기의 음악을 듣거나, 그림과 같은 계절과 시간대에 그리는 것도 중요하게 생각합니다. 스타일적으로는 회화를 좋아하기 때문에 배경을 그려 넣는 경우가 많습니다. 제 작품의 대부분이 현실에는 존재하지 않지만, 세부적인 부분까지 이해하며 그려야 현실과 같은 설득력과 실감을 얻을 수 있다고 생각합니다. 펜네임은 '아메비요리(飴日和)'의 '~日和'(하기에 좋은 날씨)라는 말의 설렘과 '飴'라는 한자의 형태를 좋아해 만들었습니다. 향후에는 음악을 좋아하기 때문에 MV, 재킷, 굿즈 제작에 종사하고 싶습니다.

1
2
3

1『섣달 그믐날』Personal Work / 2023   **2**『방과후』Personal Work / 2022   **3**『아틀리에』Personal Work / 2023

안리후레 UNREFLE

X (Twitter)　　unrefle　　Instagram　　—　　URL　　www.foriio.com/huruuta55
E-MAIL　　unrefle2023@gmail.com
TOOL　　CLIP STUDIO PAINT EX / Procreate / iPad Pro

PROFILE　　다마 미술대학 회화학과에서 유화를 전공하고 졸업한 후 프리랜서로 활동 중이다. 일러스트 외에도 애니메이션과 MV 등의 제작도 담당한다.

COMMENT　　물감의 젖은 질감과 손자국이 화면에 드러나도록 의식하며 그립니다. 또한 작품 속 모티브와 구도가 각각의 의미와 자연스럽게 연결될 수 있도록 고려합니다. 스타일 면에서는 원색을 활용해 강렬한 대비를 주는 캐릭터 일러스트가 특기이며, 거친 필적이 특징입니다. 향후에는 서적의 표지 일러스트와 삽화 외에도 재킷 일러스트, MV 일러스트, 애니메이션 등을 폭넓게 다루어 보고 싶습니다.

1　2　　3

1『거센 파도』Personal Work / 2024　2『대호령(大号令)』이벤트 플라이어 (event flyer) / 2023 / HAHE　3『눈부시게』Personal Work / 2024

이쿠타 IKUTA

X (Twitter)	ikuta41	Instagram	—	URL	—

E-MAIL   ikutaj0041@gmail.com

TOOL   CLIP STUDIO PAINT PRO / Procreate / iPad Pro / Cintiq 22HD

PROFILE   2003년생, 가나가와현 출신이다. 현재는 미술대학에 재학 중이며 유화를 전공하고 있다. 미술에서 배운 모티브 선택에 대한 아이디어와 구도뿐만 아니라, 묘사와 미술 작품에 대한 지식을 일러스트 작업에도 활용하고 있다.

COMMENT   캐릭터의 내면을 평면에 그려내고, 비현실적인 묘사나 구성에 현실감을 부여해 전달하는 것을 중요하게 생각합니다. 제 스타일의 특징은 모티브의 선택과 배치, 그려 넣는 방식에 있습니다. 다소 어둡고 그리움을 자아내는 색감을 즐겨 사용하며, 그림 한 장만으로도 스토리를 느낄 수 있는 장르의 작품을 그리는 것이 특기입니다. 펜네임은 도쿄 구울의 작가인 이시다 스이 선생이 '성 같은 이름이 멋있다'고 말했던 기억이 나서, 그 영향을 받아 성과 유사한 이름으로 만들었습니다. 또한 제가 정말 좋아하는 작가들 이름에 '타(田)'이 들어 있는 경우가 많아서 꼭 넣고 싶었습니다. 제가 그리는 일러스트는 모두 교실에서 하는 낙서의 연장선입니다. 아무도 보지 않아도 그림을 즐기는 정신을 잊지 않고, 앞으로도 꾸준히 많은 작품을 그리며 가쓰시카 호쿠사이처럼 일생을 그림과 더불어 살고 싶습니다.

1	2	
3	4	5

1 『주변 사람들에게서 벗어나 있다』 Personal Work / 2024   2 『내일은 강평』 Personal Work / 2024   3 『미소녀 수육』 Personal Work / 2024   4 『찾아줘』 Personal Work / 2024   5 『보고 싶다』 Personal Work / 2024

JR東日本 首都圏運行の在来線各線 通常通り走行
① 増上D テレビ 011
女子高生が自殺
届かなかったSOS
東京都〇区
東京・神奈川 震度4
私立高校の女子生徒(3
一昨日 自宅で死亡を確認

IQGM

X (Twitter)	iqgm13	Instagram	iqgm13	URL	www.iqgm.jp
E-MAIL	iqgm13@gmail.com				
TOOL	Procreate / iPad Pro				

PROFILE   IQGM(이케가미). 1996년 가나가와현 요코하마시 출생으로, 조치대학 외국어학부를 졸업했다. 팔레트 클럽 스쿨 (PALETTE CLUB SCHOOL) 24기 및 25기 출신이다. 2024년 제19회 TIS 공모 동상, 2024년 HB File vol.34 가사이 다쓰야 상, HB Work vol.4 구로다 다카시 상을 수상했다.

COMMENT   즐겁게 그릴 수 있고, 보는 사람도 즐거움을 느낄 수 있는 작품을 만드는 것을 중요하게 생각합니다. 앞으로도 '코알라'라는 이름으로 갈 수 있는 곳까지 계속 나아가겠습니다. 코알라와 직접 관련은 없지만 코알라를 이용해 할 수 있는 일은 많다고 생각합니다.

1 『설득』 Personal Work / 2024   2 『급행』 Personal Work / 2024   3 『사정 청취』 Personal Work / 2024   4 『호환성 왕자』 (시즈쿠이 슈스케) 표지 일러스트 / 2023 / 스이린샤

14

이자와 june IZAWA June

X (Twitter) — Instagram june_izawa_print URL —
E-MAIL june0130print@gmail.com
TOOL 유성잉크 / 흰 마분지 / 도리노코가미

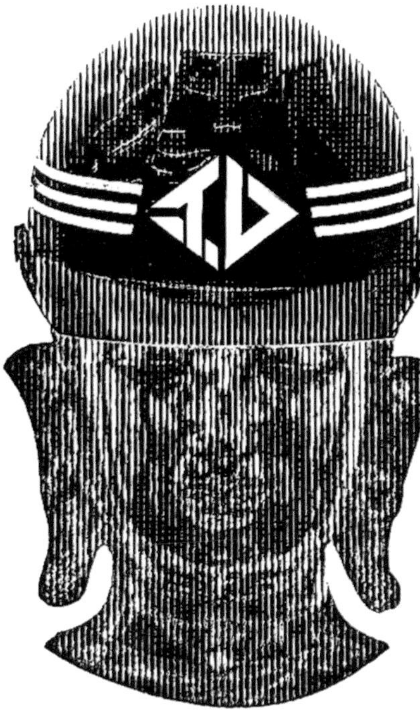

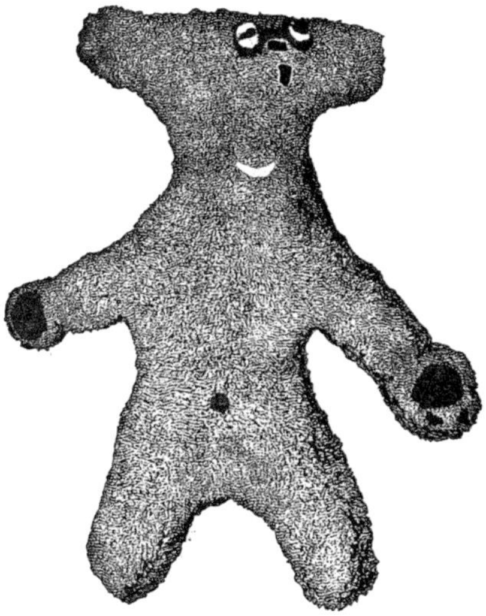

PROFILE 도쿄 출신으로 가나가와현에 거주하며, 2023년부터 활동을 시작했다. 제228회 더 초이스(The Choice), 제231회 더 초이스에서 입선했다. 주로 종이 판화 기법을 활용한 흑백 작품을 제작한다. 필생의 사업으로 핸드메이드 봉제 인형을 제작하며, 이를 작품의 모티브로 삼고 있다.

COMMENT 검은색 일색의 판화로, 옛날 신문 속 사진 같은 리얼리티가 느껴지는 작품을 제작하고 있습니다. 작품의 테마나 소재에 가벼운 말장난이나 언어유희를 활용하며, 제목에도 이를 반영합니다. 작품은 종이판화 기법으로 제작하며, 세밀한 그리기가 많은 것이 특징입니다. 판화는 바렌(Baren)으로 찍는데, 이때 테크닉과 경험을 최대한 활용해 그리듯이 찍습니다. 공작 시간에 했던 종이 판화에 어른이 진심으로 몰입하는 모습을 상상하면 됩니다. 펜네임은 6월생이라서 June으로 지었습니다. 오랜 공백기가 있었는데 이제 다시 제작할 수 있게 되어 기쁩니다. 향후에는 무엇이든 도전해 보고 싶습니다.

1 2
3 4 5 6

1 『헬멧 쓴 부처1』 Personal Work / 2023 2 『Revolver』 Personal Work / 2023 3 『더블 페이스16』 Personal Work / 2023 4 『더블 페이스7』 Personal Work / 2023
5 『잠자는 고양이』 Personal Work / 2023 6 『레그조(Reguzo)』 Personal Work / 2023

이타미 사요 ITAMI Sayo

X (Twitter)   itamiff   Instagram   itamiff0718   URL   —
E-MAIL   foruthy@gmail.com
TOOL   연필 / 색연필 / 아크릴 물감 / 크레용

PROFILE   도쿠시마현 출신으로 교토 조형예술대학에서 일본화를 전공했다.

COMMENT   밑그림이나 사전 스케치 없이 바로 본그림으로 작업을 시작합니다. 처음에 선을 하나 그은 뒤, 매번 '다음에는 어떻게 될까'라는 생각을 하며 작업을 이어갑니다. 제 그림을 보는 분들과 작은 인연이라도 이어지는 순간이 있기를 바랍니다.

<table>
<tr><td>1</td><td rowspan="2">4</td></tr>
<tr><td>2 3</td></tr>
</table>

1 『음악의 신 정말 고마워요!』 Personal Work / 2024   **2** 『꿈에서 깨다』 Personal Work / 2024   **3** 『pop skirt』 Personal Work / 2023   **4** 『you are my magic』 Personal Work / 2024

이치메 ICHIME

X (Twitter)	ichime124	Instagram	ichime124	URL	ichime124.myportfolio.com

X (Twitter) ichime124   Instagram ichime124   URL ichime124.myportfolio.com
E-MAIL ichime124@gmail.com
TOOL Procreate / iPad Pro

PROFILE   아이치현 출신으로, 쓰쿠바 대학 예술 전문 학군 구성 전공 (비주얼 디자인 영역)을 졸업한 후 2024년부터 일러스트레이터로 활동을 시작했다. 심플한 터치와 복잡한 구도가 특징이다. 디지털 일러스트 외에도 구아슈 물감으로 풍경화와 로토스코핑 애니메이션도 제작하고 있다.

COMMENT   하나의 테마나 모티브를 차분히 관찰하고, 그에 대해 나름대로 생각해 보는 것을 중요하게 생각합니다. 그러다 보면 처음에는 보이지 않았던 것들이 서서히 보이기 시작하므로, 그 순간을 즉시 그림에 담아 나만의 화면을 만들어가기 위해 노력합니다. 모티브는 인물을 중심으로 하되, 식물이나 배경은 너무 사실적이지 않게 그리며, 데포르메에 치우치지 않도록 합니다. 화려하고 직선적이며 구도가 돋보이는 그림을 지향합니다. 펜네임은 노자와 히로미(野沢 博美) 씨의 사진집 『마지막 매사냥꾼』의 서문에서, 매사냥꾼의 조건인 '위엄과 지혜와 사랑(威と知と愛)'을 히라가나(威知愛, いちめ)로 읽은 데서 따온 것입니다. 그때가 멋있는 말에 쉽게 끌리는 14살이었습니다. 향후에는 잡지나 음악 관련 아트워크를 비롯해, 작품의 세계관을 확장하는 데 기여하고 싶습니다. 특히 아동 문학의 표지 일러스트를 그리는 것이 꿈입니다.

1	2	
3	4	5

1 『사자자리』 Personal Work / 2024   2 『쌍둥이자리』 Personal Work / 2024   3 『Palm Tree』 Personal Work / 2024   4 『Water them』 Personal Work / 2024   5 『POV』 Personal Work / 2024

ビューティーサロン
イマージュ
ICHIME

ilLUMI

X (Twitter)   illumi99999   Instagram   illumi999   URL   —
E-MAIL   illumi.illumi999@gmail.com
TOOL   Photoshop CC / CLIP STUDIO PAINT PRO / Intuos Pro

PROFILE   인물화부터 풍경화에 이르기까지 새로운 테마에 도전하는 것이 취미다. 삽화, 영화의 콘셉트 디자인, 게임의 배경 미술 디자인 등 다양한 작업을 하고 있다. 최근에는 전통적인 의상을 테마로 한 작품에 주력하고 있다.

COMMENT   최근에는 바람에 흩날리는 투명하고 화려한 옷을 입은 여성을 그리는 일이 즐겁습니다. 특히 여성의 머리 장식과 옷의 자수를 신경 써서 작업합니다. 복잡한 형태와 가벼운 소재 간의 대비를 좋아합니다. 'ilLUMI(일루미)'라는 펜네임은 illuminate(비춘다)라는 단어의 앞부분을 따온 것입니다. 향후에는 세계 여행을 하며 직접 보고 느끼며 경험을 쌓고 싶습니다. 그런 경험이 저에게는 창작의 바탕이 될 것입니다.

```
1
2 3 4    5
```

1 『나룻배』 Personal Work / 2024   2 『연못 속의 꽃』 Personal Work / 2024   3 『Flower Dance』 Personal Work / 2023   4 『Character Design』 Personal Work / 2023   5 『카슈가르(Kashgar)의 창밖』 Personal Work / 2023

IWAKUCHI Kotoha

이와쿠치 코토하 IWAKUCHI Kotoha

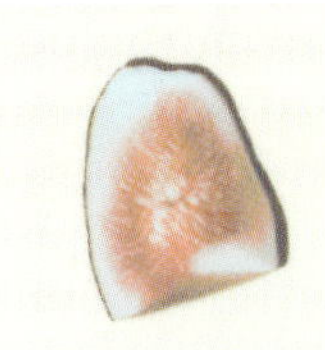

X (Twitter)   hungry_711   Instagram   hungry_711   URL   lit.link/iwakuchikotoha
E-MAIL   mimoza.kitchen07@gmail.com
TOOL   Procreate / Photoshop CC / Fresco / iPad Pro

PROFILE   도쿄 출신이며 도쿄 공예 대학을 졸업했다. 실제 존재하는 풍경과 나의 이미지가 결합된 작품을 작업하고 있다. 프리랜서 일러스트레이터로 활동하고 있으며, 주로 SNS를 통해 작품을 발표하고 있다.

COMMENT   인쇄 과정에서 선명하게 드러나지 않는 세밀한 부분까지 정밀하게 그려내며, 제가 선호하는 색조를 의식하면서 작업하고 있습니다. 저라는 필터를 통해 '한순간의 풍경'을 매력적인 작품으로 승화시키기 위해 신경을 써서 작업하고 있습니다. 예전부터 책과 음악, 영상 작품을 좋아해 향후에는 출판 관련 일이나 CD 재킷, 영화, 무대 광고, 포스터 등 다양한 분야에서 활동하고 싶습니다.

1 『희미한 불빛』 Personal Work / 2023   2 『나뭇잎 사이로 비치는 햇빛』 Personal Work / 2023   3 『시원한 여름』 Personal Work / 2022   4 『비추다』 Personal Work / 2023

우쓰노미야 나오 UTSUNOMIYA Nao

X (Twitter)   naoooorinrin   Instagram   naoooorinrin   URL   —
E-MAIL   naoooorinrin@gmail.com
TOOL   연필 / 먹물 / 수채 물감 / 컬러 잉크 / Photoshop CC

PROFILE   그림을 그린다. 감정이나 관계성을 테마로 제작하며, 주로 개인전이나 그룹전, SNS를 통해 작품을 발표한다. 최근 활동으로는『소설 트리퍼』(아사히 신문 출판) 본문 삽화 작업, 더·초이스 230회 입선, 231회 준입선, 재킷 일러스트 등이 있다.

COMMENT   인물을 그리는 것을 좋아하며, 선과 형태에 특별히 신경을 써서 작업하고 있습니다. 그림을 통해 감정과 분위기, 온도감이 전달되면 좋겠습니다. 독특한 귀여움이 느껴지는 그림이 특기이자 제 스타일의 특징입니다. 현재는 여러 가지 색을 활용한 일러스트 작업에 도전하고 있으며, 향후에는 캐릭터 디자인, 재킷 일러스트, 의류 관련 분야에도 도전해 보고 싶습니다.

1	2	
3	4	5

1『프리룬』Personal Work / 2023   2『놀이』Personal Work / 2023   3『하나로 모으기』Personal Work / 2023   4『뒤얽힘』Personal Work / 2023   5『protective clothing』Personal Work / 2024

UMNES

X (Twitter)	UMNES_illust	Instagram	umnes_illustration
URL	ichikyusanzero.jp/umnes		
E-MAIL	umnes.illustration@gmail.com		
TOOL	Illustrator CC / Photoshop CC / After Effects CC / Cintiq Pro 16		

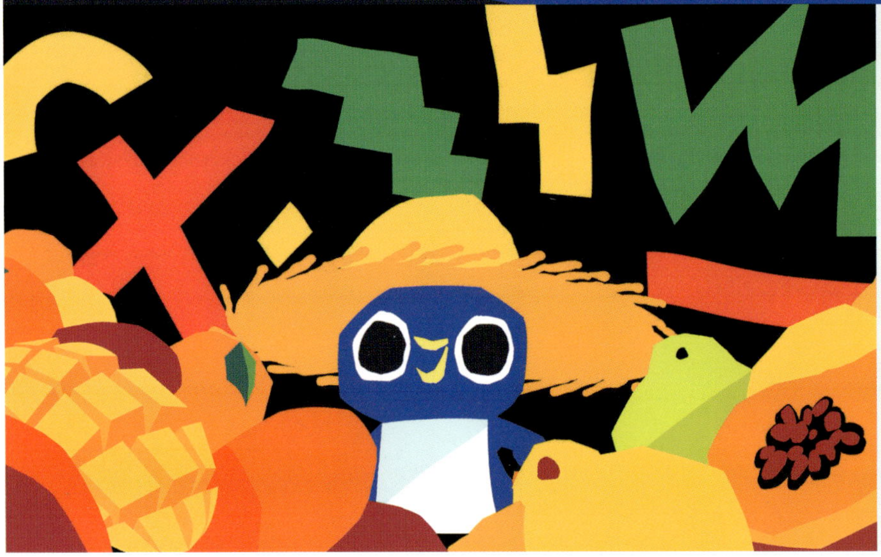

PROFILE 손으로 그리는 따뜻함을 유지하면서 색을 제한한 심플한 표현으로 현대적이고 이해하기 쉬운 일러스트를 만들고 있다. 향후에는 구상하고 있는 플랫 디자인의 세계관을 더욱 발전시켜 나가고자 한다.

COMMENT 손으로 그린 아날로그 느낌의 터치와 귀여운 배색을 고집하며, 플랫 디자인(Flat design)의 세계관을 강조한 작업을 하고 있습니다. 또한 클라이언트 워크(Client Works)가 많아 애니메이션을 비롯한 다양한 형식에 유연하게 대응할 수 있도록 작업하고 있습니다. 펜네임 UMNES(움네스)는 라틴어로 '그 외의 모든 것'이라는 뜻입니다. 향후에는 그림책을 비롯한 오리지널 콘텐츠에도 도전해 보고 싶습니다. 또 플랫 디자인의 세계관을 더욱 진화시켜 나가고 싶습니다.

1		4
2	3	5

1 『PENGUIN AND POLAR BEAR 01 / 영어로 놀자 Meets the World』 TV 프로그램 / 202 3 / NHK 교육 텔레비전 2 『PENGUIN AND POLAR BEAR 02 / 영어로 놀자 Meets the World』 TV 프로그램 / 2023 / NHK 교육 텔레비전 3 『DIRECTOR/ANIME MANGA EXPLOSION』 TV 프로그램 / 2023 / 플레멘(Flehmen) 4 『MONSTER LAND 01 / 영어로 놀자 with Orton』 TV 프로그램 / 2022 / NHK 교육 텔레비전 5 『MONSTER LAND 02 / 영어로 놀자 with Orton』 TV 프로그램 / 2022 / NHK 교육 텔레비전

ENAI

에나이 ENAI

X (Twitter) enaiC31   Instagram enaic31   URL ——
E-MAIL gongqichihiro425@gmail.com
TOOL ibis Paint X / iPad Air

PROFILE 군마현 출신이며, 레트로풍의 다소 어두운 일러스트를 그린다. 생동감 있고 다채로운 느낌을 좋아한다. 주로 SNS에서 팬 아트와 1차 창작 작품을 공개하고 있다.

COMMENT 1980~2000년대의 패션, 소품, 잡지 디자인 등을 특히 좋아해 자주 일러스트에 반영하고 있습니다. 필름으로 찍은 듯한 색채를 사용해 그리움과 새로움을 동시에 느낄 수 있는 일러스트를 그리고자 합니다. 향후에는 MV 일러스트와 CD 재킷, 화집 등 다양한 분야에서 활동을 이어가고 싶습니다.

1 『무제』 Personal Work / 2024 2 『무제』 Personal Work / 2024 3 『영화 감상』 Personal Work / 2024 4 『전화』 Personal Work / 2024

COLORFUL
PSYCHIC

nniko

X (Twitter) mikotokotokoto_   Instagram mi_5.10   URL —
E-MAIL nniko555nniko@gmail.com
TOOL Procreate / iPad Pro

PROFILE nniko(엔니코). 2002년생이며, 최근에는 일러스트 외에도 영상도 제작하고 있다.

COMMENT 그림을 그릴 때는 일기를 쓰듯이 솔직하게, 돌발적인 감정이 그대로 드러나도록 그리는 것이 중요하다고 생각합니다. 현실에서의 사물에 대한 느낌이 화면에 그대로 담길 때 '아주 잘 됐어!'라는 생각이 듭니다. 이를 위해 좀 더 실험적인 접근 방식으로 작업하고 싶습니다. 펜네임은 본명에서 땄습니다. 펜네임 엔니코(nniko)는 'n'이 2개인데, 'n' 두 개를 붙이면 'm'처럼 보입니다. 'n'을 연결해 'm'으로 읽으면 제 본명에 가까워진다는 설정입니다. 향후에는 CD 재킷, 패션지 일러스트, 애니메이션 MV 등의 분야에 도전해 보고 싶습니다.

<table>
<tr><td>1</td><td>2</td><td rowspan="2">5</td></tr>
<tr><td>3</td><td>4</td></tr>
</table>

1 『해피 헤븐(happy heaven)』 Personal Work / 2023   2 『머릿속이 요란해』 Personal Work / 2023   3 『에어컨 수리를 부탁해』 Personal Work / 2024   4 『피터팬의 재능』 Personal Work / 2023   5 『모든 생물체』 Personal Work / 2023

酔いて生きよっ！
UMA MILK
世の中を愛づりコロも
探しつづけるoそのくり返しの

에라 하이코 ERA Haiko

X (Twitter) era59_   Instagram erahaiko   URL potofu.me/era59
E-MAIL   erakokiu8159@gmail.com
TOOL   CLIP STUDIO PAINT EX / iPad Pro / Cintiq Pro 27

PROFILE   일러스트레이터 겸 영상 크리에이터로, 2021년부터 뮤직비디오를 중심으로 일러스트와 애니메이션을 제작해 왔다.

COMMENT   불안함 속에서도 온기를 느낄 수 있는 작품을 목표로 하고 있습니다. 정돈된 것보다 흐트러진 것, 인기 있는 사람보다 그늘진 사람에게 더 강하게 끌리는 경향이 있어 흐트러지거나 그늘진 상태를 고집하며 그림을 그리고 있습니다. 펜네임은 아가미(에라, エラ) 호흡과 폐(하이, 肺(はい)) 호흡을 합쳐서 '에라 하이코'라고 지었습니다. 향후에는 캐릭터 디자인과 일러스트 제작에도 힘을 쏟고 싶습니다.

1
2   3

1 『Nighthawk feat. 다나카 / DUSTCELL』 MV 일러스트 / 2024 / THINKR   2 『인휴먼(Inhuman) / 에이허브(AHUB)』 MV 일러스트 / 2021   3 『블랙』 Personal Work / 2022

오카모토 레이코 OKAMOTO Reiko

X (Twitter)   gshegs_9   Instagram   gshegs_9   URL   www.suz-design.org
E-MAIL   r.okamoto0804@gmail.com
TOOL   탁본 뜨기 / 고무판 / 실크 스크린 / 리소그래프(Risograph) / 유성 스탬프 / 색연필 / Photoshop CC / CLIP STUDIO PAINT PRO /
Procreate / iPad Pro / Intuos Pro

PROFILE   수의대학을 졸업한 후 식품 위생 업무와 자연 과학 서적 편집자를 거쳐 그래픽 디자이너로 전향했다. 일러스트레이션과 그래픽을 제작하는 한편, 라이프 워크로 사람과 동물의 문화를 중심으로 서적과 진(ZINE) 잡지를 제작하고 있다. 탁본, 스텐실, 판화 등의 아날로그 기법과 디지털을 결합해 동물이나 괴물을 그린다.

COMMENT   전통 민속풍(folklore) 스타일의 동물이나 괴물 일러스트 그리는 것이 특기입니다. 대상의 특징을 살려, 조금 기묘하면서도 아름다운 조형을 목표로 작업하고 있습니다. 그리는 대상을 철저히 조사하고 실제로 관찰한 뒤, 가장 적절한 표현 방법을 고민해 그리려고 노력합니다. 책의 표지와 보드 게임 일러스트를 작업하고 있으며, 언젠가는 고급 브랜드의 커머셜 아트를 다뤄 보고 싶습니다. 라이프 워크로 ZINE 제작은 앞으로도 계속 이어 나갈 것입니다.

1	2
3	4

5

1 『성금_규목랑』 Personal Work / 2024   2 『히포캄포스(Hippokampos)』 회화 / 2023 / 개인 의뢰 3 『미노타우로스(Minotauros)』 회화 / 2023 / 개인 의뢰   4 『성금_장월록』 Personal Work / 2024   5 『DEMON OF DESTRUCTION AND BAD LUCK』 Personal Work / 2023

오사루 노 카고야 OSARU NO KAGOYA

X (Twitter)   kagoya1219   Instagram   kagoya1219   URL   —
E-MAIL   osarunokagoya0709@gmail.com
TOOL   Photoshop CC / ibis Paint X / iPad Pro

PROFILE   동식물과 인물을 중심으로 복고풍의 탐미적인 세계관을 그리며, 단발머리를 매우 좋아한다.

COMMENT   일상에서 만난 식물을 모티브로 꽃말과 성질, 문화적 이미지를 다소 과장되게 그리는 경우가 많습니다. 인물은 조용하면서도 기억에 남을 만한 시선을 고집하고 있습니다. 취향은 우키요에나 일본화 같은 분위기를 좋아해 평면적이고 매트한 질감과 색조에 신경을 쓰고 있습니다. 펜네임은 어린 시절에 나무 타기를 잘했다는 기억에서 동요명을 가져온 것이며 (원문 <お猿のかごや>은 '원숭이 가마꾼'을 뜻하며 일본의 동요명과 같습니다), 글자가 귀여워서 사용하게 되었습니다. 앞으로도 제가 표현할 수 있는 세계관을 소중히 여기며, 더욱 매력적인 그림을 그릴 수 있는 방법을 폭넓게 찾아보겠습니다.

1   2   3   4

1 『부글부글』 Personal Work / 2024   2 『원숭이 올빼미』 Personal Work / 2024   3 『보쿠토 (木兎)』 Personal Work / 2024   4 『소나무 그늘에서 기다리다』 Personal Work / 2024

OJIYU

OJIYU

X (Twitter)	ojiyu_0	Instagram	ojiyu_0	URL	ojiyu.com

X (Twitter)　ojiyu_0　　Instagram　ojiyu_0　　URL　ojiyu.com
E-MAIL　ojiyu.ojioji@gmail.com
TOOL　Photoshop CC / Illustrator CC / Procreate / iPad Pro

PROFILE　즈시(逗子)에 거주하는 일러스트레이터 겸 아티스트다. 1992년생으로 다마 미술대학 판화학과를 졸업했으며, 서적의 표지 일러스트를 중심으로 활동하고 있다. 독특한 데포르메와 활기찬 색조가 특징이며, 평면적인 인간상을 그린다. 2023년 더 초이스 입상. 요로코비 to 공모전 '라이프 아트 어워드(Life Art Award)' 준대상을 수상했다.

COMMENT　밝고 활기찬 시선으로 '사람'을 있는 그대로의 모습으로 표현합니다. 제 그림을 보는 이들에게 에너지가 전달되어 모두 건강한 기운을 느꼈으면 좋겠습니다. 펜네임은 누구에게나 선입견 없이 인식되길 바라는 마음에서 국적과 성별이 드러나지 않도록 정했습니다. 향후에는 파르코(PARCO) 기업의 SS(스프링, 서머) 메인 비주얼, 뽀빠이(POPEYE) 잡지의 표지, 그리고 뉴트 매거진(NEUT Magazine)의 삽화에 도전해 보고 싶습니다. 다양한 사람들이 자유롭고 분방하게 살아가는 이상적인 일상의 모습을 계속 그려 가겠습니다.

	1	3	4
	2		

1 『내추럴 본 치킨 / 가네하라 히토미』 표지 일러스트 / 2024 / 가와데 쇼보 신샤(河出書房新社)　**2** 『뭐야, 이 기분!!』 코스터 일러스트 / 2024 / chooning　**3** 『bye bye Angels』 Personal Work / 2023　**4** 『인간과 인간속 히토모도키』 Personal Work / 2024

오타니 준 OTANIJUN

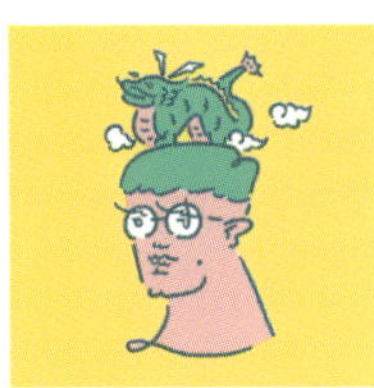

X(Twitter) —— Instagram junotani URL otanijun.com

E-MAIL info@otanijun.com

TOOL Photoshop CC / Procreate / iPad Pro / 아크릴 구아슈 / 파스텔

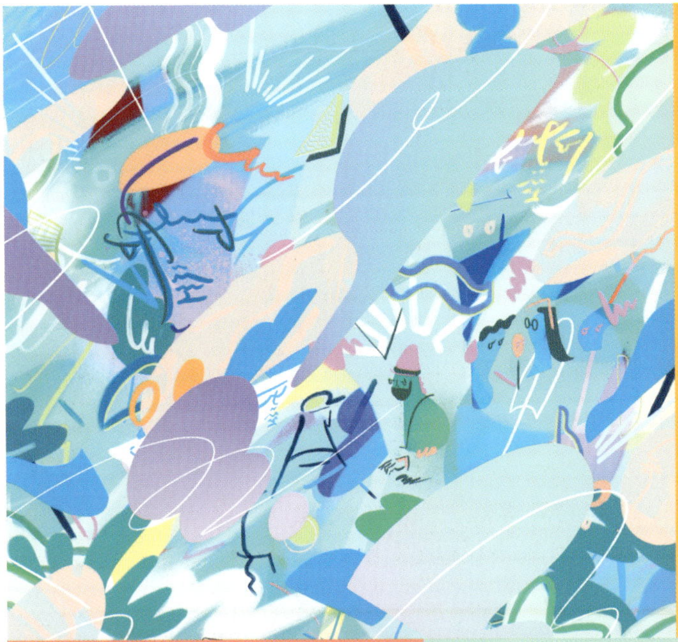

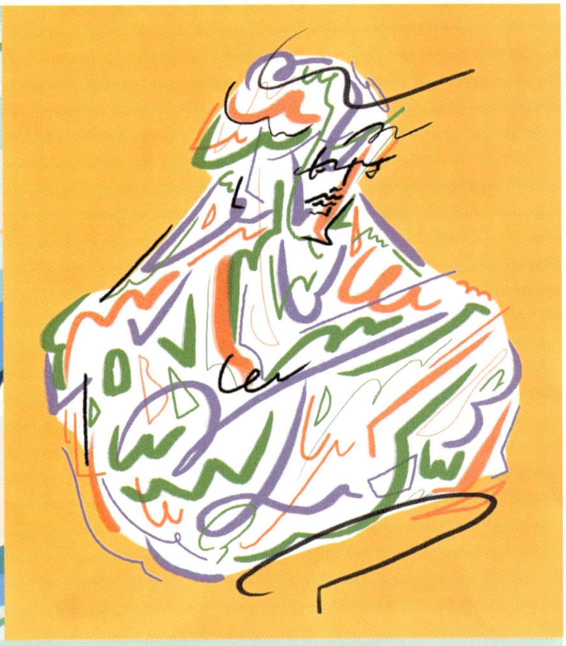

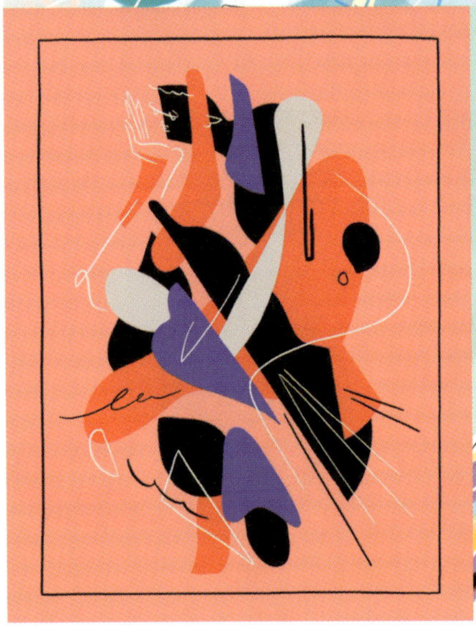

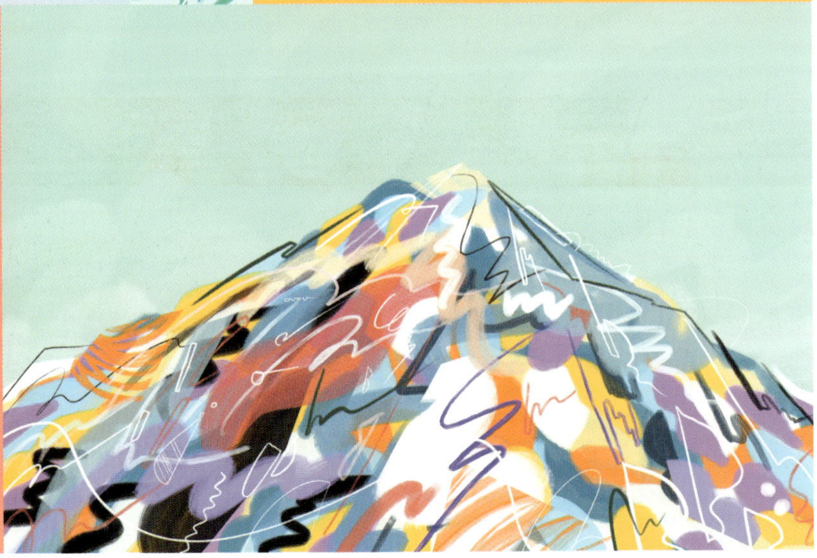

PROFILE

1980년생으로, 디자인 회사를 거쳐 그래픽 디자이너 겸 일러스트레이터로 활동하고 있다. 광고와 서적, 아티스트의 비주얼 등을 중심으로 매일 다양한 작업에 참여하고자 움직이고 있다. 발주를 받은 작품 이외에도 'Diff'rent Strokes for Diff'rent Folks(십인십색)'을 테마로 리드미컬한 작품을 선보이고 있다. 최근에는 대만에서 개인전을 개최하는 등 활동의 폭을 꾸준히 넓혀가고 있다.

COMMENT

원래 음악을 좋아해 전 세계의 음악과 음악가를 찾아보고 그 주변에 얽힌 다양한 문화를 조사해 왔습니다. 그러던 중 음악 행사 광고 제작을 의뢰받아 손으로 그림을 그리게 되었고, 이를 계기로 본격적인 그림 작업을 시작해 지금의 활동으로 이어지게 되었습니다. 그 무렵부터 제가 의식하기 시작한 것은 '소리'를 느낄 수 있는 그림이 될 수 있는가 하는 점입니다. 그래서 선의 리듬과 배색, 화면에 흐르는 음악적 분위기를 기준으로 작업하고 있습니다. 향후에는 작품의 열정적 에너지를 확장시킬 수 있는 일러스트를 지속하면서 음악과 서적을 비롯한 다양한 장르와 매체에 참여할 수 있기를 바랍니다. 동시에 제 개인 작품도 계속 제작해 나가고 싶습니다.

1 2
3 4

5

1 『EBISU Bloomin' JAZZ GARDEN』 페스티벌 이벤트 일러스트 / 2024 / EBISU Bloomin' JAZZ GARDEN 제작위원회 2 『Love and Food』 Personal Work / 2023 3 『No Crisps?』 Personal Work / 2023 4 『Pile3』 Personal Work / 202 5 『Summer Continues』 Personal Work / 2023

오니쿠 쿠이타이 ONIKU kuitai

X (Twitter) Oniku_kui_tai   Instagram oniku.kuitaiiii   URL onikukuitai029029.wixsite.com/oniku-1
E-MAIL onikukuitaiyo@gmail.com
TOOL Procreate / iPad Pro

PROFILE 히로시마현에 거주하며, 2018년경부터 SNS를 중심으로 활동하고 있다.

COMMENT 영감이 이끄는 대로 그은 선과 형태를 바탕으로 환상적이고 다채로운 세계관을 지닌 일러스트를 그리고 싶습니다. 신화와 전설, 아르누보 등에서 영감을 얻는 경우가 많습니다. 다양한 색을 사용한 평면적인 일러스트를 좋아하며 추상적인 표현도 즐겨 사용합니다. 제가 느낀 이미지를 중요하게 생각하기 때문에 초안에서 그은 선의 형태를 살려 그대로 작업합니다. 그림의 모티브로는 인간뿐만 아니라 비인간 존재나 식물도 좋아합니다. 보는 분들이 아름다움과 약간의 경외감을 느낄 수 있도록 노력하며 작업하고 있습니다. 참고로 펜네임은 제가 가장 좋아하는 소설 캐릭터에서 오마주한 것입니다. 향후에는 서적의 표지 일러스트와 아날로그 작품에도 도전하고 싶습니다. 장르에 구애받지 않고 다양한 작업에 참여해 경험을 넓혀가기를 기대합니다.

1	2
3	4

5

1 『ask for the moon』 Personal Work / 2023   2 『joker』 Personal Work / 2023   3 『purgatory』 Personal Work / 2023   4 『turbid』 Personal Work / 2023   5 『escape』 Personal Work / 2023

오리히라 ORIHIRA

ORIHIRA

X (Twitter) ORiHiRA_   Instagram —   URL www.pixiv.net/users/35574608
E-MAIL orihira57@gmail.com
TOOL Procreate / iPad Pro

PROFILE 2001년생으로, 도쿄 출신의 일러스트레이터다. 게임을 비롯한 캐릭터 디자인을 중심으로 크리처 디자인(Creature Design)과 이벤트 키 비주얼도 작업하고 있다. 문어발을 특히 좋아한다.

COMMENT 캐릭터 디자인과 그림 작업에는 모두 리얼리티와 이유를 부여해 작업합니다. 논리에만 얽매이지 않고 감각적으로 해야 한다고 느낀 부분을 솔직하게 따르며 작업하고 있습니다. 제가 경험한 공포, 혐오, 압박감 같은 감정들도 매력적이고 핵심적인 요소로 승화시켜 작품에 담기 위해 노력합니다. 앞으로도 다양한 작품 속에서 캐릭터를 선보이고, 그렇게 탄생한 캐릭터가 저보다 더 널리 알려지는 것이 목표입니다. 제 꿈은 언젠가 제 캐릭터를 피규어로 제작하는 것입니다.

1   2   3

1 『KISS ME』 Personal Work / 2021   2 『ColorTightsAngel III』 Personal Work / 2022   3 『tentacles』 Personal Work / 2024

가코 GAAKO

X (Twitter) Gaako_illust   Instagram gaako_illust   URL gaako-illust.tumblr.com
E-MAIL   gaako.illust@gmail.com
TOOL   CLIP STUDIO PAINT PRO / Illustrator CC / After Effects CC / iPad Pro

PROFILE   일러스트레이터로 애니메이션 MV와 콘셉트 아트, 광고 일러스트, 굿즈 디자인 등을 폭넓게 제작하고 있다.

COMMENT   배색과 실루엣의 조화로운 느낌을 중시하면서도 어딘가 배타적인 세계관을 느낄 수 있는 모티브를 선택해 제작하고 있습니다. 스트리트, 사이버, 네온, 오리엔탈 같은
           다양한 요소를 하나로 압축하기보다 여러 개를 섞어 그리는 스타일을 좋아합니다. 향후에는 스토리성이 강한 그림을 그릴 수 있도록 아직 도전하지 않은 기법도 시도해
           보고 싶습니다.

```
1
        5
2 3 4
```

1 『무제』 Personal Work / 2024   2 『무제』 Personal Work / 2024   3 『무제』 Personal Work / 2024   4 『무제』 Personal Work / 2024   5 『무제』 Personal Work / 2024

가스가이 사유리 KASUGAI Sayuri

X (Twitter) sayuri122   Instagram sayuri122   URL —
E-MAIL ksgisayuri122@gmail.com
TOOL 아크릴 물감 / Photoshop CC / Procreate / iPad Pro

PROFILE

1987년 나고야에서 태어나 도쿄에 거주한다. 미학교(美学校) 조형 기초 과정을 수료했다. HB WORK Competition vol.3, vol.5 특별상을 수상했으며, 제19회 TIS 공모에 입선했다. 주변의 사물과 의복, 시야에 비치는 신체를 모티브로 형태와 선을 중요하게 그리며, 서적의 표지 일러스트와 개인전 등을 통해 정력적으로 활동하고 있다.

COMMENT

형태와 선을 중요하게 생각하며 팽팽하게 당겨진 선을 의식해 작업하고 있습니다. 일상생활에서 아찔한 광경이나 분위기를 그림으로 표현하고 싶습니다. 일본적인 작품과 만화, 불교 그림을 좋아해 제 그림 스타일 또한 여기에 영향을 받았으며, 의복이나 손을 모티브로 작업하는 경우가 많습니다. 옅은 색을 사용해 동화 같은 분위기를 연출하면서도 동시에 조금 딱딱하고 어딘가 오싹할 정도로 무서운 그림을 그리고 있습니다. 향후에는 표지 일러스트와 포장 디자인 업무, 서적으로 작품집을 발매하고 싶습니다. 또한 큰 공간에서 전시회를 열거나 동영상 제작에도 도전해 보고 싶습니다.

1 『바닥에서 피는 꽃』 Personal Work / 2024 2 『변천』 Personal Work / 2024 3 『바늘꽂이』 Personal Work / 2024 4 『꽃꽂이하다』 Personal Work / 2024 5 『장갑』 Personal Work / 2024

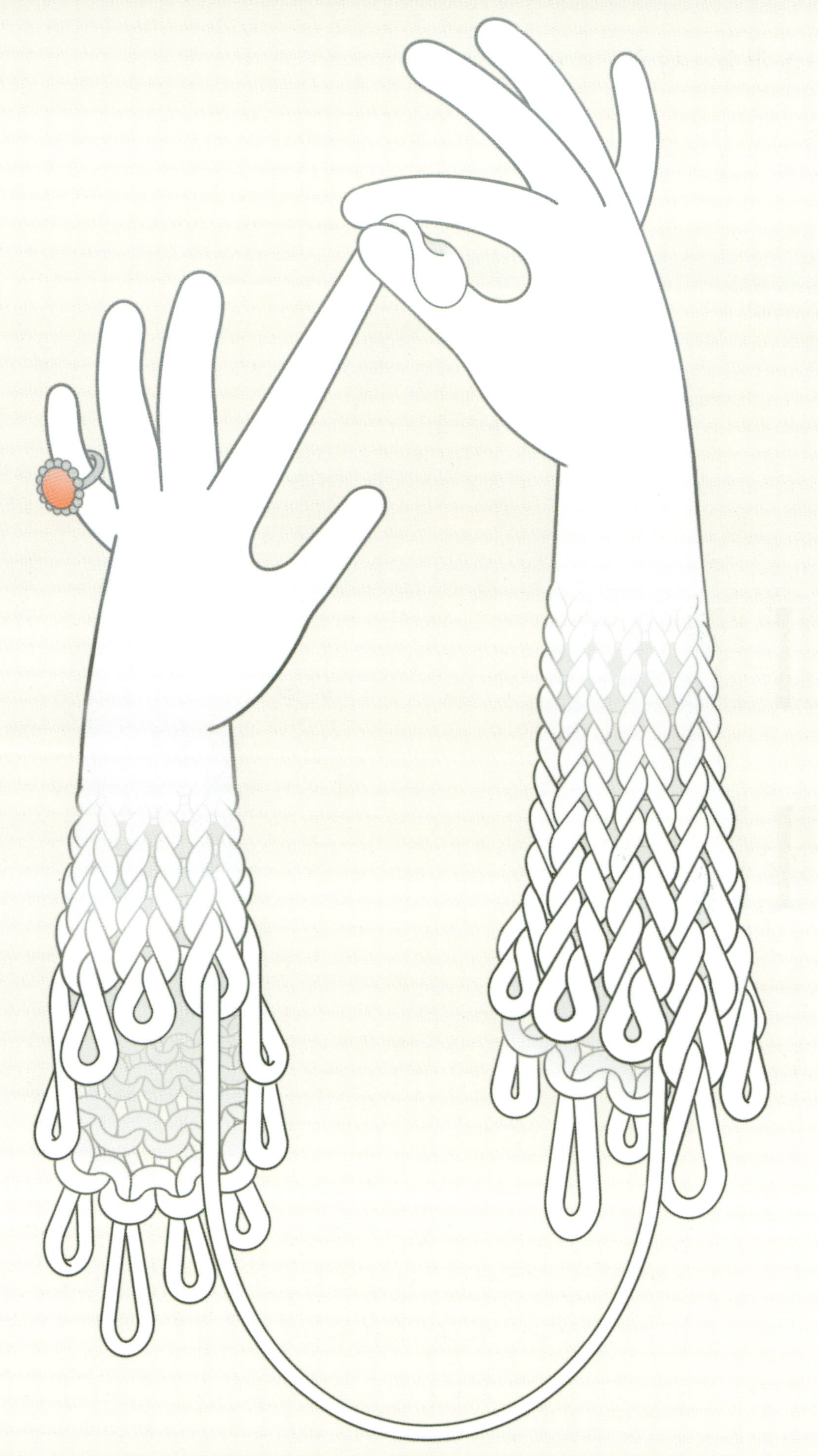

가나 Kana

X (Twitter)   Kana15913166   Instagram   kana02256   URL   ──
E-MAIL   kana.illust16@gmail.com
TOOL   CLIP STUDIO PAINT PRO / MobileStudio Pro

PROFILE   손과 발을 중심으로 그리는 프리랜서 일러스트레이터다.

COMMENT   '좋아하는 것을 원하는 만큼 즐겁게 그린다'는 것을 중요하게 생각합니다. 손에는 표정이 있다고 생각해 네일이나 액세서리로 멋을 더하거나, 아무것도 꾸미지 않고 손 자체의 아름다움을 돋보이게 하는 방식으로 그립니다. 손이 만들어내는 다양한 표정이 일러스트를 보는 이들에게 즐거움으로 다가가길 기대하며 작업합니다. 모티브는 손과 발을 중심으로 하며 여기에 좋아하는 소품을 더해 그립니다. 예쁜 것과 귀여운 것을 좋아해서 자연스럽고 반짝이는 세계관을 담아 일러스트를 완성합니다. 향후에는 '손과 발의 일러스트라고 하면 Kana!'라는 말을 들을 수 있는 일러스트레이터가 되어 언젠가 개인전을 개최하는 것이 꿈입니다.

1	2	
3	4	5

1 『무제』 Personal Work / 2023   2 『무제』 Personal Work / 2023   3 『무제』 Personal Work / 2023   4 『무제』 Personal Work / 2024   5 『무제』 Personal Work / 2024

KAMINARI
Kowai

가미나리 고와이 KAMINARI Kowai

X (Twitter)   io0000000_o   Instagram   illl_liil   URL   —
E-MAIL   liiin.oo117@gmail.com
TOOL   Procreate / iPad Pro / 피그마 사인펜

PROFILE   일러스트를 SNS에 게시하고 있다. 현재는 취미의 범주에서 마음 내키는 대로 그리고 있다.

COMMENT   아무 생각 없이 그리지는 않지만 그날의 기분에 따라 그릴 때가 많습니다. 자유롭게 즐기면서 작업하고 있습니다. 향후에는 음악이나 문학을 비롯해 저와 다른 분야에서 작품을 다루는 분들과 공동으로 하나의 작품을 제작해 보고 싶습니다.

1 『무제』 Personal Work / 2024   2 『무제』 Personal Work / 2024   3 『무제』 Personal Work / 2024   4 『무제』 Personal Work / 2024

가야 히로야 KAYA Hiroya

X (Twitter) kayahiroya   Instagram kayahiroya   URL www.kayahiroya.com
E-MAIL info@kayahiroya.com
TOOL Photoshop CC / Illustrator CC / Procreate / iPad Pro

PROFILE
야마구치현 이와쿠니시에서 태어나 현재 도쿄에 거주한다. 디자인 회사에서 그래픽 디자이너로 근무한 후, 현재 프리랜서 일러스트레이터 겸 그래픽 디자이너로 서적, 잡지, 광고 등 다양한 일러스트레이션과 디자인을 다루는 일을 하고 있다. 일러스트레이터 다카하시 유키(高橋由季)와 함께 '코니코'로도 활동 중이다.

COMMENT
음악을 들으면서 배경이 되는 무언가를 그리기 시작하고, 점차 형태가 드러나면서 공간을 만들어 갑니다. 게임(주로 RPG)을 좋아했던 어머니의 영향으로 마치 거기에 있는 듯하면서도 먼 곳이나 모호한 기억 속에 있는 꿈 같은 세계를 표현하는 경우가 많습니다. 그곳에는 고대 미스터리 유적(Mysterious Monument), 거리, 사막 같은 세계(필드)가 펼쳐져 있어 끊임없이 이어지는 듯한 이미지가 형성됩니다. 저는 캐릭터를 게임 속에 있는 논플레이어 캐릭터(NPC)처럼 감정이 없는 아이로 그리는 경우가 많습니다. 최근에는 글도 쓰고 있어 그림책, 만화, 게임 등 이야기와 결합된 작품을 만들어 보고 싶습니다.

1
2
3

1 『SIDE TRACK』 웹미디어 / 2023 / 투 버진즈(Two Virgins)   2 『행성의 정원』 Personal Work / 2024   3 『베스트 SF2022 / 오모리 노조미(大森望)』 표지 일러스트 / 2022 / 다케쇼보 출판

가리타 KARITA

| X(Twitter) | gesooo_4 | Instagram | __karitaro__ | URL | karitaworks.tumblr.com |

E-MAIL   karita.n775@gmail.com
TOOL   Procreate / iPad Pro

PROFILE

시마네현 출신으로 효고현에 거주한다. 제작 회사를 퇴직한 후 일러스트레이터로 독립했으며, 현재는 주로 서적, 잡지, 광고 등의 작업을 하고 있다. 선화 터치가 특기이며, 소박하고 꾸미지 않은 일러스트를 그린다. 개인 작업에서는 꾸밈없는 평화로운 일상을 담아낸 작품을 만드는 데 집중하고 있다.

COMMENT

'약간의 비도덕적인 행동을 숨기지 않고 자랑스럽게 여기는 모습'을 그리기를 좋아합니다. 그림을 보고 기분이 좋을 때나 설렐 때의 감정을 떠올리거나, 아무렇지도 않은 일상의 한 장면에서도 객관적으로 좋은 것이라고 느낄 수 있는 작품을 만들고 싶습니다. 그래서 현실적인 모티브와 상황을 그리는 것을 중요하게 생각합니다. 그림 스타일로는 선을 긋는 것을 좋아해 선화 작품이 많습니다. 향후에는 포장 일러스트, 문구 잡화, 잡지 표지 작업을 해 보고 싶습니다.

1	2
3	4	5

6

1 『지킬 것이 있다』 Personal Work / 2024   2 『봄의 휴일』 Personal Work / 2024   3 『주말 블랭킷(blanket)의 정』 Personal Work / 2024   4 『만족할 줄 알다』 Personal Work / 2023   5 『가끔 녹는다』 Personal Work / 2022   6 『한밤의 편의점』 Personal Work / 2024

KARITA
GOKIGENGIRL
2024.5.8
DAY69

가와조에 노도카 KAWASOE Nodoka

X (Twitter) non_soe   Instagram nodoka_artwork   URL kawasoenodoka.kilo.jp
E-MAIL nodoka.artworks@gmail.com
TOOL 색연필 / 볼펜 / Photoshop CC

PROFILE 1996년생으로, 도쿄에 거주한다. 다마 미술대학 그래픽디자인학과를 졸업한 후, 도내 디자인 사무소에서 근무 중이다.

COMMENT 부드럽지만 굴곡이 있고 귀엽지만 어딘가 이질감이 느껴지는 세계관을 의식하며 모티브를 선택합니다. 표지 일러스트, 삽화, 그림책, CD 재킷, 아이돌 굿즈 등의 일을 하고 싶습니다. 특히 영향을 받은 인물은 만화가 데즈카 오사무 선생과 후지코 F. 후지오 선생, 그리고 일러스트레이터 에드워드 고리 (Edward Gorey) 입니다.

1	2	4
	3	

1 『인간극』 Personal Work / 2023   2 『꿈꾸는 어깨통』 Personal Work / 2023   3 『Big Cat Gang Man』 Personal Work / 2023   4 『아가씨와 사냥』 Personal Work / 2024

가와조에 무쓰미 KAWAZOE Mutsumi

X (Twitter)	ka_wa_mu	Instagram ka_wa_mu URL —

E-MAIL hello@k-mutsumi.com

TOOL 아크릴 물감 / 잉크 / Photoshop CC / iPad Pro / Intuos Pro

PROFILE 2006년부터 일러스트레이터로 활동 중이다. 광고와 서적 등 다양한 매체에서 클라이언트 워크를 제작하고 있다. 한편으로 2018년부터 보호묘 3마리를 입양한 것을 계기로 고양이를 모티브로 한 작품 제작을 라이프 워크로 삼고, 보호묘를 위한 자선 활동도 시작했다. 고양이와 함께 살며 느낄 수 있는 온화하고 편안한 기분, 부드럽고 포근한 귀여움을 표현하고 있다.

COMMENT 긴 털을 가진 고양이를 그릴 때는 부드럽고 포근한 느낌이 전해질 수 있도록 형태를 신경 써서 그립니다. 원래는 제가 기르고 있는 3마리의 긴 털 고양이를 제가 가장 귀엽다고 느끼는 데포르메로 표현하고 싶어 작업을 시작했습니다. 매일 긴 털을 가진 고양이들을 만지며 그리다 보니 무의식적으로 고양이의 움직임이 작품에 자연스럽게 녹아들어 그림을 보는 분들에게도 그 사실감이 전달되는 것 같습니다. 향후에는 고양이 관련 상품을 개발하고 보호묘를 위한 자선 활동을 지속적으로 이어갈 수 있는 시스템을 만들고 싶습니다.

1 『책장 위의 고양이 (오렌지 바탕에 갈색 줄무늬)』 Personal Work / 2022　2 『책장 위의 고양이 (그레이)』 Personal Work / 2022　3 『블랭킷』 Personal Work / 2023　4 『발견』 Personal Work / 2024

가와베 시온 KAWABE Shion

X (Twitter) shionkawabe   Instagram shionkawabe   URL shionkawabe.com
E-MAIL info@shionkawabe.com
TOOL Photoshop CC / Illustrator CC / Procreate / iPad Pro

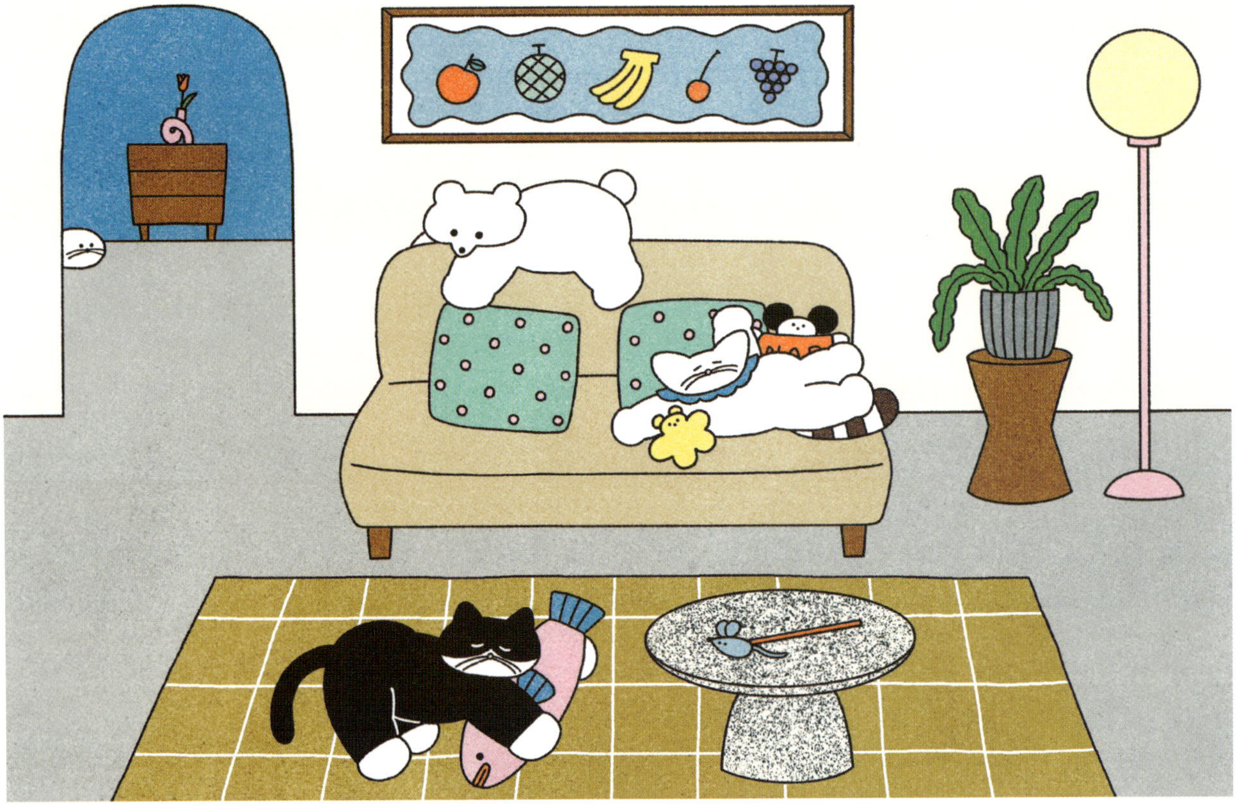

PROFILE 구와사와(桑沢) 디자인 연구소를 졸업하고 도쿄에 거주한다. 문구 및 잡화 제조회사를 거쳐 프리랜서 일러스트레이터 겸 잡화 디자이너로 독립했다. 포근하고 여유로우며 귀여운 분위기로 매체를 불문하고 폭넓게 활동 중이다.

COMMENT 모티브는 부드럽고 폭신한 형태를 의식해 그리며, 컬러는 그리운 기억 속의 색감을 이미지화해 채색합니다. 제 스타일은 적당히 편안한 일러스트와 표현을 잘 살리는 것입니다. 동물과 봉제 인형을 상당히 좋아해 모티브로 자주 선택합니다. 전직이 문구 잡화 상품 기획 디자이너이기도 해 디자인에도 자신 있습니다. 펜네임은 결혼 전 성의 본명을 히라가나로 쓴 것입니다. 향후에는 일러스트의 클라이언트 워크 작업을 하면서 동시에 작가로서의 활동도 확장해 가고 싶습니다. 캐릭터를 생각하는 것도 즐기므로 기회가 된다면 그림책 출판이나 캐릭터 상품 등을 꼭 작업해 보고 싶습니다.

HAVE A
GREAT DAY!

기세 사쿠라 KISE Sakura

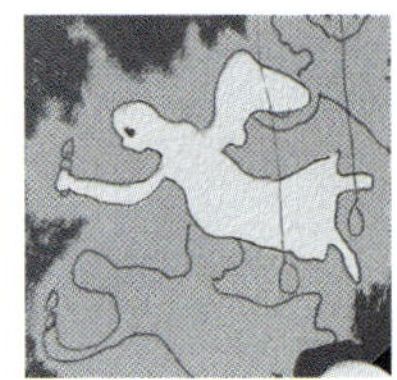

X(Twitter) human_kise   Instagram sakura__kise   URL sannroku.tumblr.com
E-MAIL sasakuku36@gmail.com
TOOL 수채화 물감 / 펜 / 스크린 톤(Screen-tone)

PROFILE 도쿄에 거주한다. 2020년 무사시노(武蔵野) 미술대학 유화학과에서 판화를 전공했다. 수채화와 펜, 스크린 톤 등을 사용해 그림을 그린다.

COMMENT 사람을 그립니다. 살아가면서 느끼는 매일의 불안과 슬픔, 분노 같은 말로는 잘 전달되지 않는 감정들이 그림을 그리는 동기가 되고 있습니다. 수채화 컬러 작품과 펜으로 그린 흑백 작품을 모두 소중히 여기며 두 작업을 병행하면서 균형을 맞추고 있습니다. 지금까지 음악, 만화, 일러스트레이션, 순수 예술 등 다양한 분야에서 영향을 받아 왔으며, 이는 제가 저답게 살아가는 데 중요한 양식이 되어 주고 있습니다. 앞으로도 좋아하는 것을 소중히 간직하며 정직한 그림을 그려가고 싶습니다. 최근에는 옷에 대한 흥미가 커져 그림 속 인물의 복장에 대해서도 더 깊이 생각하며 작업하고 있습니다. 이전에는 셔츠나 정장을 입은 사람을 자주 그렸지만 지금은 장갑을 끼고 있거나 잠옷을 입은 사람만 그리는 편입니다. 음악을 좋아하기 때문에 제 그림을 좋아해 주시는 분들을 위해 CD 재킷 작업을 꼭 해 보고 싶습니다.

1	2
3	4

5

1 『무제』 Personal Work / 2023   2 『far』 Personal Work / 2023   3 『no thank you』 Personal Work / 2024   4 『무제』 Personal Work / 2024   5 『무제』 Personal Work / 2024

그랜피 짱 GRUMPY-CHAN

X (Twitter)	grumpy_amu	Instagram	grumpy_amu

URL　grumpychan.studio.site
E-MAIL　grumpy.amu@gmail.com
TOOL　Procreate / iPad Pro

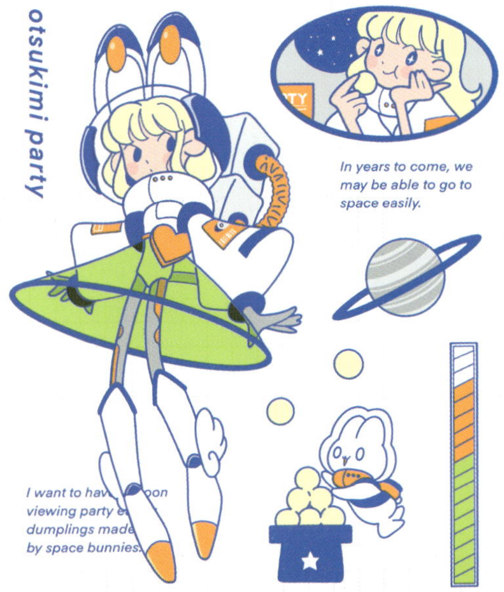

PROFILE　나가사키현 출신으로 2024년 4월부터 프리랜서 일러스트레이터로 활동을 시작했으며, 심플하고 친근한 느낌의 일러스트가 특기다.

COMMENT　밝고 따뜻한 마음을 전할 수 있는 그림을 그리는 것이 제 목표입니다. 어릴 때부터 그림책과 봉제 인형, 캐릭터에 둘러싸여 자라면서 '귀엽다'는 가치관이 자연스럽게 형성된 것 같습니다. 그림에 심플한 선과 색을 활용하고 캐릭터에 인간적인 매력을 강조해 작업합니다. 또 그림이 사용되는 상황에 맞게 제작하는 것을 중요하게 생각하므로 그림 스타일을 너무 고정하지 않고 상황에 맞게 데포르메 정도를 조정하며 작업하고 있습니다. 향후에는 서적의 표지 일러스트나 기업 및 상품의 캐릭터 등 일상생활과 밀접한 일러스트 작업을 해보고 싶습니다.

1	2	
3	4	5

1 『설날』 Personal Work / 2024　2 『otsukimi party』 Personal Work / 2023　3 『그대에게』 Personal Work / 2024　4 『판다 반점』 Personal Work / 2024　5 『아침』 Personal Work / 2024

breakfast coffee fruits

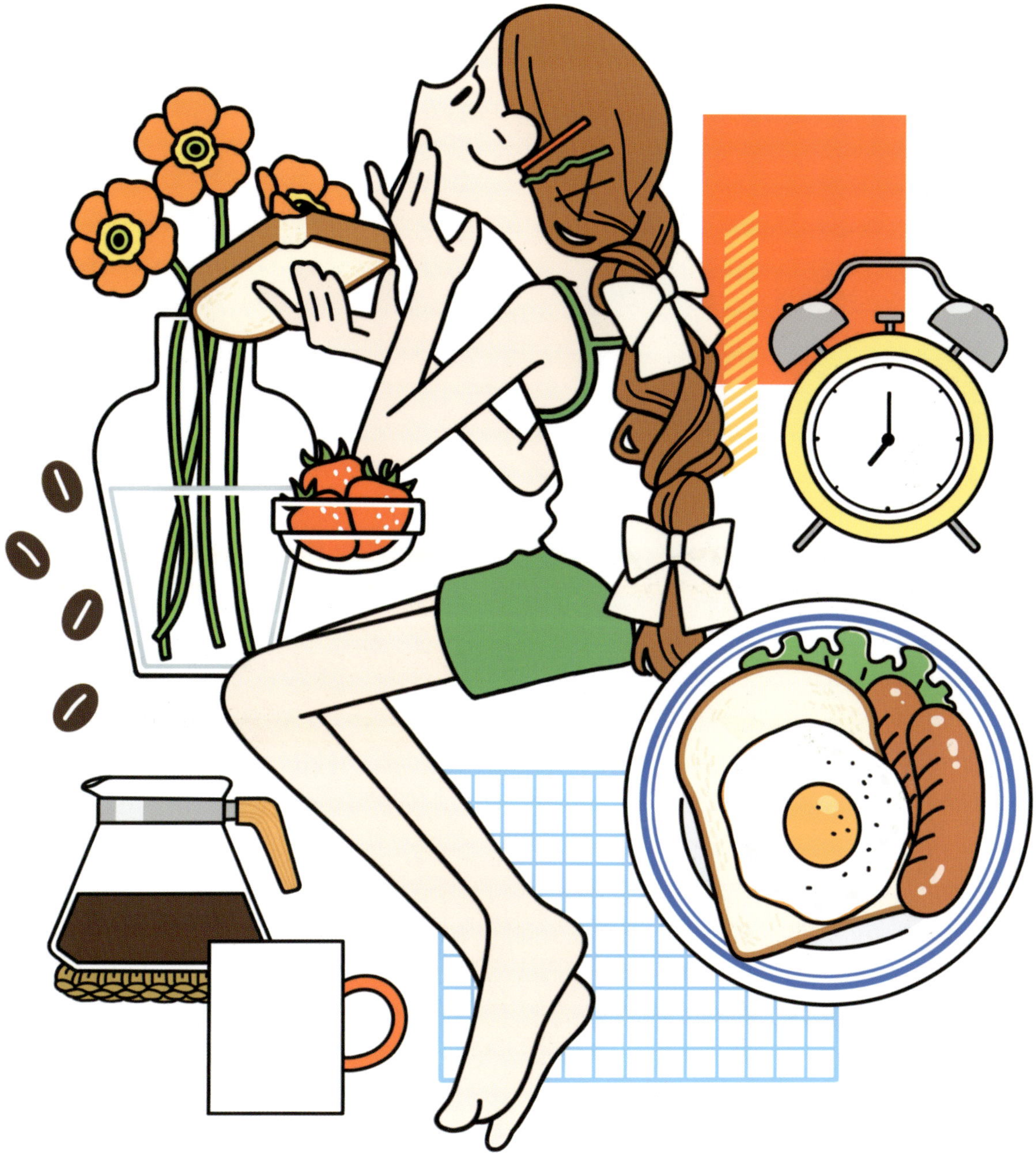

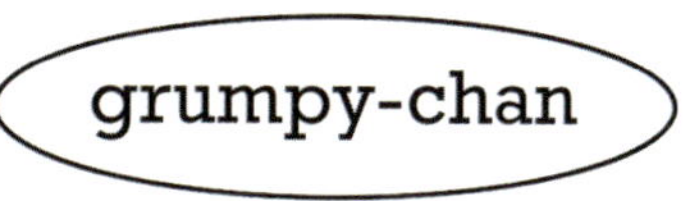

delightful morning

ordinary things
add color to your daily life

grumpy-chan

구로사키 이이치로 KUROSAKI Iichiro

X (Twitter)   ivichiro   Instagram   iichirokurosaki   URL   iichiro-kurosaki.jimdosite.com
E-MAIL   ivichiro@gmail.com
TOOL   스크린톤 / 레터링시트 / 디자인나이프 / Photoshop CC

PROFILE   1984년 뉴욕 출생. 스크린 톤을 잘라 붙여 일러스트레이션을 제작하며, 서적의 표지 일러스트나 잡지 삽화 등 다양한 분야에서 활동하고 있다. 2012년 제182회 더 초이스에서 입선했으며, 2019년 HB 파일 공모전 (HB FILE COMPETITION) 에서 나카조 마사요시 (仲條正義) 특별상, 2024년 HB WORK 알비레오 (Albireo) 특별상을 수상했다.

COMMENT   Google Map의 스트리트 뷰와 Google Earth에서 가보지 못한 외국의 거리와 자연 풍경을 보며 영감을 얻기도 하고, 모티브의 단편들을 모아 '뭔가 좋다'라고 느낀 요소들을 조합해 그림을 그립니다. 제작 스타일은 만화에서 사용되는 스크린 톤을 디자인 나이프로 잘라 여러 겹으로 겹쳐 붙이면 그로 인해 생기는 모아레 (moiré) 의 농담을 작품의 특징으로 삼고 있습니다. 특정 장소에 얽매이기보다는 풍경과 사람들이 공존하는 공간을 작은 모형 정원처럼 축소해 미니멀한 느낌으로 그리는 일러스트레이션이 특징입니다. 향후에는 포스터와 디스플레이 등 공간에 큰 규모로 일러스트를 활용하는 작업이나 상품 포장 및 애니메이션 작업에도 도전해 보고 싶습니다.

1	2	
3	4	5

1 『parking space』 Personal Work / 2023   2 『Pillars』 Personal Work / 2024   3 『desert at night』 Personal Work / 2024   4 『architecture』 Personal Work / 2024
5 『증여를 둘러싼 모험, 새로운 사회를 만들기 위해서는 / 이와노 타쿠지』 표지 일러스트 / 2023 / 도서출판 에우레카

COFFEE

고가 아유미 KOGA Ayumi

X (Twitter) kogaayumi21   Instagram   ayu_mi2307   URL ——
E-MAIL   kogaayumi2108@gmail.com
TOOL   CLIP STUDIO PAINT PRO / Illustrator CC / Cintiq 16

PROFILE   2021년부터 SNS를 중심으로 창작 활동을 하고 있다. 소년과 식물을 주로 그린다.

COMMENT   아동문학과 그림책을 좋아하며, 문장 옆에 작은 삽화를 더해 이미지를 그립니다. 일상에서 발견할 수 있는 조금 신기한 세계를 표현하고 싶습니다. 소년과 고양이, 새는
자유롭고 호기심 가득한 모험의 상징으로 자주 그리는 모티브입니다. 빛이 바랜 듯한 그리움이 묻어나는 색조를 의식해 작업하고 있습니다. 향후에는 표지 일러스트나
삽화 등 서적 관련 일에 참여하고 싶습니다.

1	2
3	4

5

1 『실례합니다』 Personal Work / 2024   2 『봄의 여정』 Personal Work / 2024   3 『피셔 클럽』 Personal Work / 2023   4 『선생님의 가방』 Personal Work / 2024   5 『흰 셔츠를 입은 소년』 Personal Work / 2024

고사메 소다 KOSAMESODA

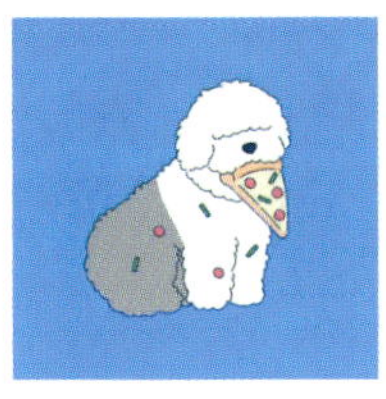

X(Twitter) kosamesoda Instagram kosamesoda URL kosamesoda.myportfolio.com
E-MAIL kosamesoda777@icloud.com
TOOL CLIP STUDIO PAINT PRO / Cintiq 13

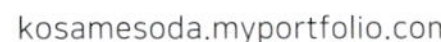

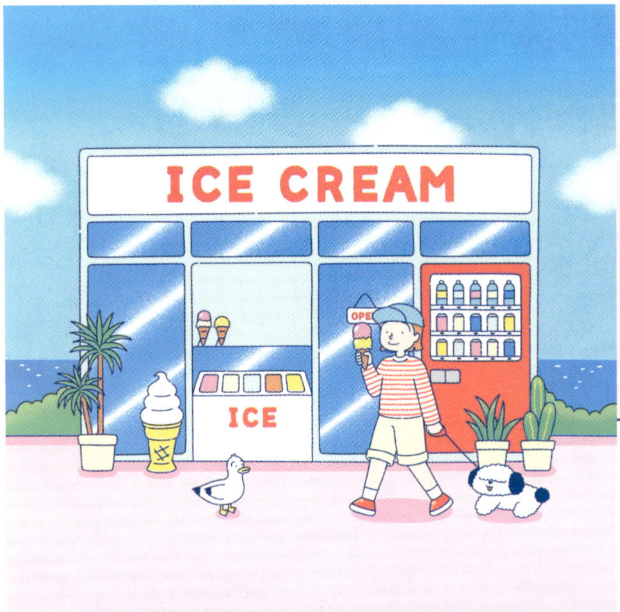

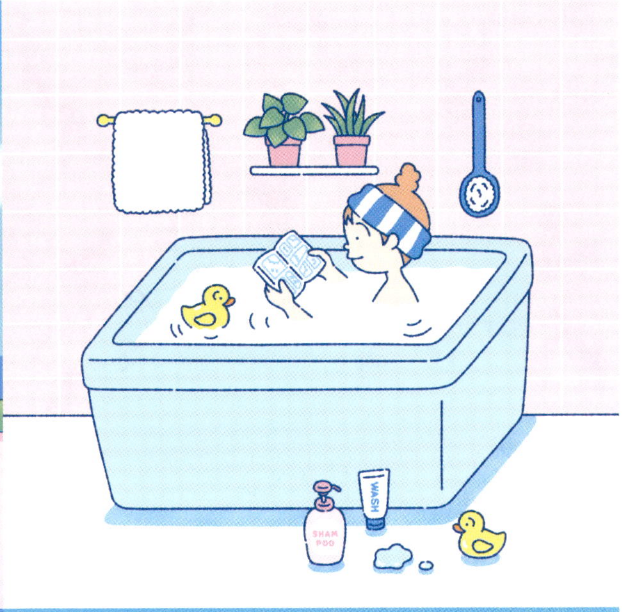

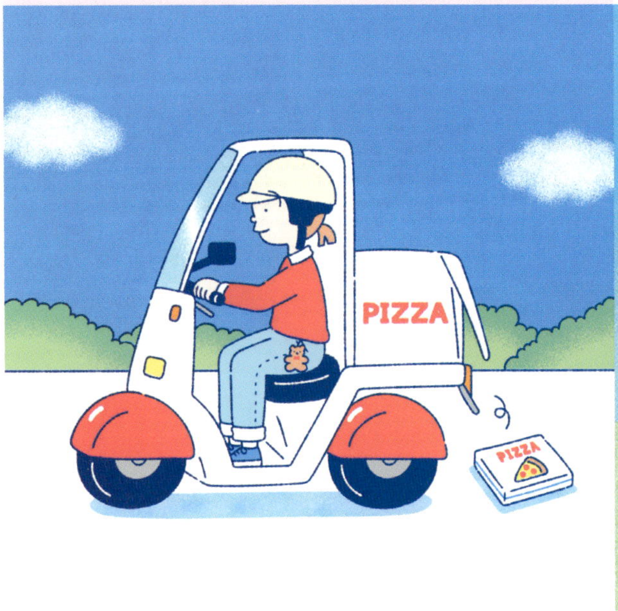

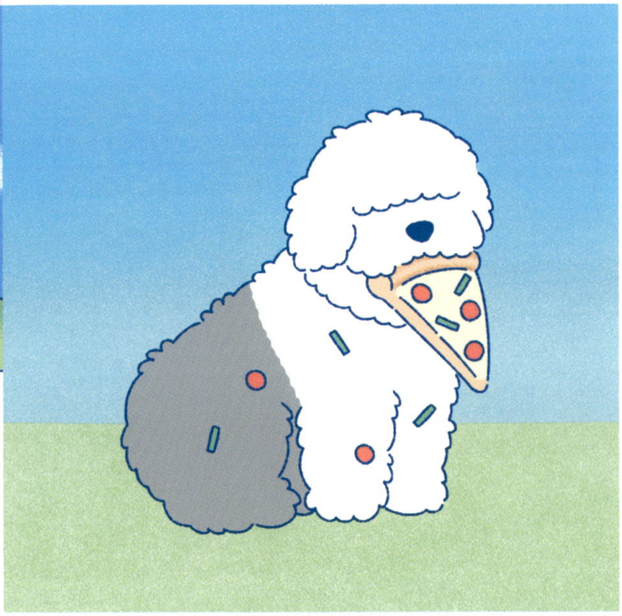

PROFILE 에히메현 출생으로 도쿄도에 거주한다. 서적과 광고, 굿즈, 뮤직 재킷 등 다양한 분야에서 활동하고 있다. 향수를 살짝 불러일으키면서도 청량감이 느껴지는 밝은 일러스트레이션을 그린다.

COMMENT 무심한 일상에서 따뜻함을 느낄 수 있는 포근한 일러스트레이션을 의식해 그립니다. 부드럽고 약간의 향수가 느껴지면서도 밝은 분위기가 특징입니다. 향후에는 그림책, 문구, 콜라보 굿즈, 상업 시설의 메인 비주얼, 과자 포장 디자인, 광고, CM, 교육 프로그램의 일러스트 등 다양한 분야에서 기회가 있으면 꼭 일해 보고 싶습니다.

1 2
3 4
5

1『테이크아웃』 Personal Work / 2023 **2**『목욕』 Personal Work / 2023 **3**『배달』 Personal Work / 2023 **4**『피자&개』 Personal Work / 2023 **5**『잼 토스트』 Personal Work / 2023

JAM
MILK

고타치 유 KOTACHI Yu

X (Twitter)   kotatiyu   Instagram   kotatiyu   URL   kotatiyu.tumblr.com
E-MAIL   kotatiyu@gmail.com
TOOL   CLIP STUDIO PAINT PRO / Photoshop CC / Cintiq 22

KOTACHI Yu

PROFILE   오카야마현에 거주하는 일러스트레이터로 2023년부터 프리랜서로 활동을 시작했다. 서적의 표지 일러스트와 게임 일러스트 외에도 개인적으로는 여름을 테마로 한 작품을 위주로 제작하고 있다. 참여한 작품으로는 『풍우래기4』의 캐릭터 디자인, 『멘토리 사마 Faceless Summer / 카무리』의 표지 일러스트 등이 있다.

COMMENT   일상이나 이야기 속 한 장면을 그리고 싶어 화면의 매력을 살리면서 상황을 얼마나 잘 전달할 수 있는지를 중요하게 생각합니다. 특히 감정적인 부분을 가장 효과적으로 표현하기 위해 색채와 음영을 더욱 의식해 작업합니다. 일본의 여름 경치를 좋아해 그 풍경을 자주 그리고 있습니다. 그림을 보는 사람이 실감 나게 느낄 수 있도록 배경을 세심하게 그려 넣는 경우가 많습니다. 향후에는 좋아하는 음악을 바탕으로 한 악곡의 아트워크 제작을 경험해 보고 싶습니다. 또한 호러 분위기의 그림도 좋아해 일과 개인 작업 모두 그 분야에서 더 많이 도전해 보고 싶습니다.

1	2	
3	4	5

1 『그래그래』 Personal Work / 2024   2 『출항』 Personal Work / 2023   3 『백일홍』 Personal Work / 2022   4 『등교일 오후』 Personal Work / 2022   5 『재기』 Personal Work / 2022

고나가이 가오루 KONAGAI Kaoru

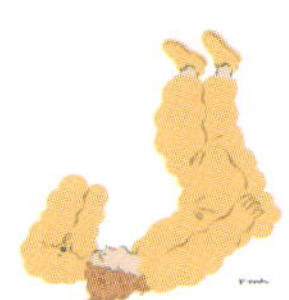

X (Twitter) konagaikaoru Instagram kona__ill URL www.konagaikaoru.com

E-MAIL info@konagaikaoru.com

TOOL Photoshop CC / Procreate / iPad Pro

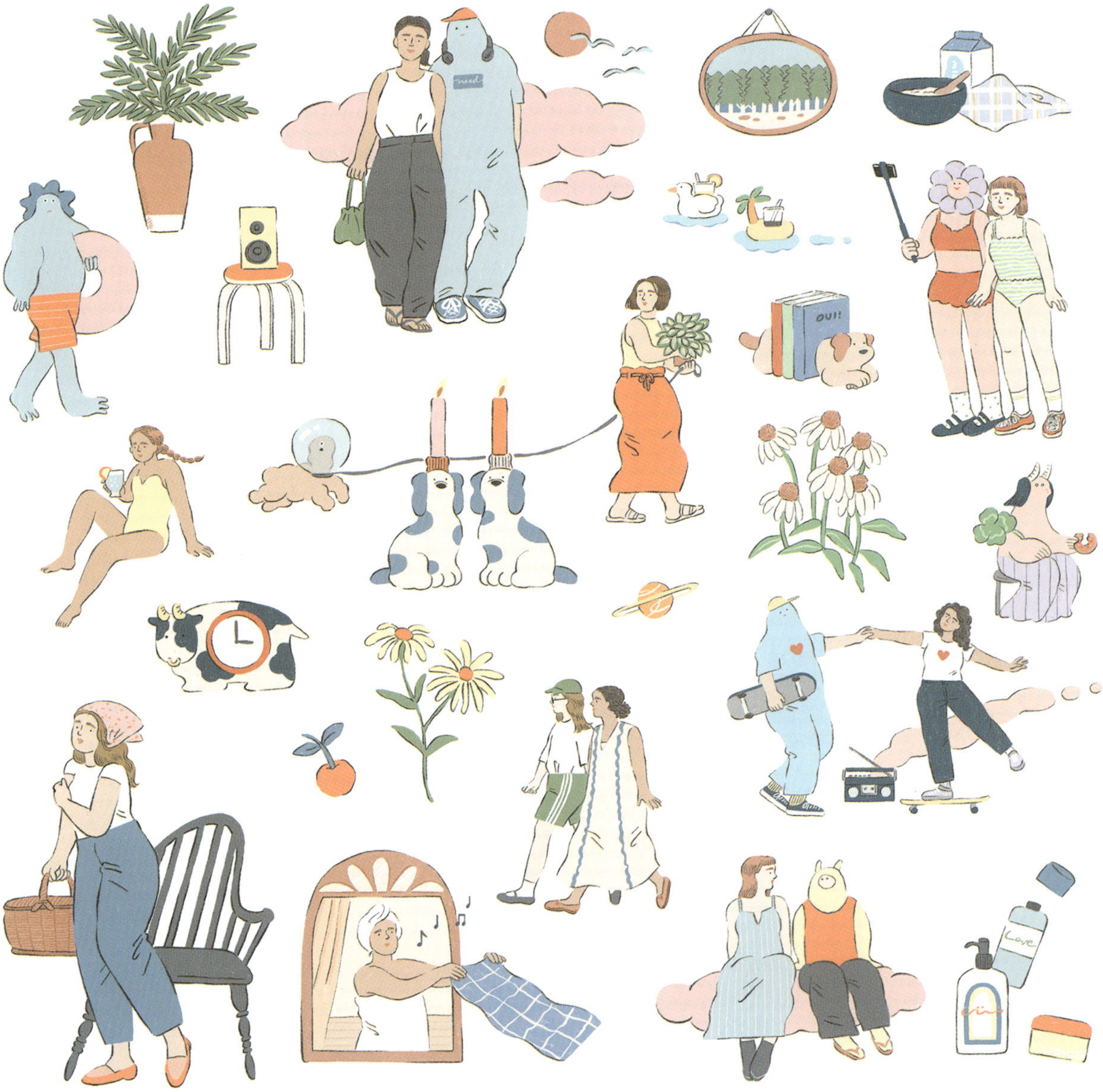

PROFILE

가나가와현 요코하마시에 거주한다. 서적, Web 매체, 브랜드 비주얼, 상품 등에 일러스트를 제공하며 점포 벽화 작업도 하고 있다. 또한 전시나 굿즈 제작 등 작가로도 활동하고 있으며 인물과 의인화된 생물 및 식물을 잘 그린다.

COMMENT

어렸을 때부터 해외 그림책과 서양 삽화, 그리고 미즈키 시게루와 데즈카 오사무의 만화를 매우 좋아했습니다. 이러한 영향과 경험을 통해 인종 차별, 장애, 자신과 다른 존재에 대한 편견에 대해 생각하게 되었습니다. 그로 인해 의인화된 생물과 인간이 자연스럽게 함께 살아가는 장면을 자주 그리게 되었습니다. 또한 패션과 음악을 좋아해 제 일러스트 속 인물들에게 어른의 요소를 더하고 여백과 무드를 강조하며 작업하고 있습니다. 펜네임은 본명인 고나가이 가오루(コナガイ カオル)를 읽기 어려워 'コナガイ香'라고 썼는데, '香'의 발음을 '가오리'라고 잘못 읽기 쉬워 모두 가타카나로 쓰는 편이 낫겠다고 생각한 결과입니다. 향후에는 표지 일러스트와 벽화 작업을 통해 경험을 쌓으면서 에세이 만화와 애니메이션에도 도전하고 싶습니다. 하고 싶은 일이 정말 많습니다. 의인화된 생물을 제 작업의 일부로 그릴 수 있다면 더욱 즐겁고 행복할 것 같습니다.

1	2
	3

1 『Each of Us.』 Personal Work / 2024 2 『Explorer.』 Personal Work / 2024 3 『With you』 Personal Work / 2024

고히나타 마루코 KOHINATA Marco

X (Twitter)   MARU_CO_415   Instagram   kmarco1994   URL   kohinatamarco.com
E-MAIL   maruco415@gmail.com
TOOL   Photoshop CC / Procreate / iPad Pro / Intuos Pro

PROFILE   오사카 출신으로 도쿄에 거주하며 만화가 겸 일러스트레이터로 활동 중이다. 2015년부터 프리랜서로 활동을 시작했다.

COMMENT   눈앞에 있는 사물, 사건, 상태와 풍경을 보며 제가 느끼는 감정을 끌어올려 애정을 담아 그리는 것이 제 작업의 기저에 있습니다. 흔한 일상의 풍경을 조금 더 스토리텔링이 될 수 있도록 그리는 것이 제 스타일의 특징입니다. 펜네임 '마루코'는 본명을 일부 변형한 것으로 처음에는 단순히 '마루코'라는 이름이었지만 성도 갖고 싶다는 생각이 들어 좋아하는 배우의 성인 '고히나타'를 함께 사용하게 되었습니다. 향후에는 그림책이나 서적의 표지 일러스트 작업을 더욱 늘려가고 싶습니다. 또한 개인 작품으로 그리고 싶은 테마가 여러 가지가 있어 1~2년 간격으로 진(ZINE)이나 작품집을 제작하는 것을 작은 목표로 삼고 있습니다.

1	2	
	3	4

1 『엄마가 가르쳐 준 것』 Personal Work / 2023   2 『아침의 두부 가게』 Personal Work / 2023   3 『길가에 떨어진 빛』 Personal Work / 2023   4 『겨울 아침』 Personal Work / 2024

고마야마 아키라 KOMAYAMA Akira

X (Twitter)	Akira_Komayama	Instagram	deko_pooon	URL dekopooon.jp

E-MAIL info@dekopooon.jp

TOOL CLIP STUDIO PAINT PRO / Photoshop CC / Illustrator CC / iPad Pro

PROFILE 게임 개발회사의 CG 디자이너를 거쳐 2009년부터 프리랜서 일러스트레이터로 활동하기 시작했다. 현재는 포켓몬 카드의 일러스트를 비롯해 광고, 음악 등의 핵심 비주얼 등 다양한 장르의 일러스트를 다룬다.

COMMENT '심플하지만 눈길을 끄는 일러스트'를 항상 염두에 두고 그립니다. 색감과 선화의 균형에 특히 신경을 쓰고 있습니다. 제 스타일은 인물, 배경, 소품을 그래픽적으로 그리며 밝고 생동감 있는 배색을 사용하는 것이 특징입니다. 모티브는 제가 좋아하는 것들에서 얻는 경우가 많으며, 일이나 개인 작업에 관계없이 평소에는 취미로 인스타그램과 핀터레스트(Pinterest)를 자주 참고합니다. 향후에는 현재 참여하고 있는 광고를 비롯해 많은 사람들의 눈에 띄는 매체에서 활동하고 싶습니다. 업무의 폭을 더욱 확장하고 싶어 새로운 기회를 기다리고 있습니다. 특히 제가 좋아하는 남국 모티브 작업에도 참여할 수 있으면 좋겠습니다.

1	2	
3	4	5

1 『I』 Personal Work / 2023 2 『Sunny Sunday』 Personal Work / 2023 3 『Sunny Sunday』 Personal Work / 2023 / 2023 4 『Nobel moon』 Personal Work / 2024
5 『GENSEKI』 광고 / 2024 / viviON

SAKIE

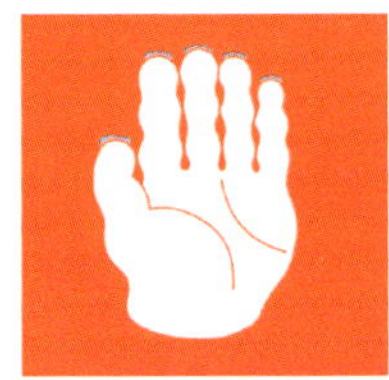

X (Twitter)　sakie_suzuki　　Instagram　ske_artwork　　URL　　—

E-MAIL　sakiesuzuki16@gmail.com

TOOL　볼펜 / 색연필 / 켄트지 / Photoshop CC / CLIP STUDIO PAINT PRO / iPad Air

PROFILE　2000년생 요코하마시 출신으로 다마 미술대학 미술학부 그래픽디자인학과를 졸업했다. 볼펜과 색연필을 사용해 일러스트를 그린다.

COMMENT　볼펜으로 작업한 선의 밀도와 색연필로 작업한 색면의 크기에 따라 작품의 이미지가 달라지므로 작품에 맞춰 선과 색면의 균형을 의식하며 그립니다. 결정적인 사건이 일어나고 있는 것은 아니지만 왠지 계속 보고 싶어지는 분위기를 만들어내며 그립니다. 모티브로는 소품이나 식물 등 일상에서 흔히 볼 수 있는 평범한 것들을 자주 그립니다. 때로는 특정 모티브나 풍경의 일부를 그리기도 합니다. 향후에는 잡지 삽화나 소설 표지 작업에도 참여하고 싶습니다. 또한 과자나 식품 포장 디자인에도 관심이 있어 기회가 된다면 꼭 해보고 싶습니다.

```
 1
2   3      4
```

1 『breakfast』 Personal Work / 2023　2 『초등학교』 Personal Work / 2024　3 『비 갠 직후』 Personal Work / 2024　4 『At the cafe』 책자 / 2024 / 도호(東方)출판

U.S.
THE CI
COFF
BUR
COFFEE

Genie Ink

X (Twitter)   genniieeee   Instagram   genniieeee   URL   www.genie.ink
E-MAIL   genniieeee@gmail.com
TOOL   Photoshop CC / Illustrator CC / 잉크 / 리소그래프 (Risograph)

PROFILE   Genie Ink(지니 잉크)는 현재 도쿄에서 활동하고 있는 아티스트다. 일러스트레이터 및 아트 디렉터로서 다양한 프로젝트에 참여하고 있다. 주로 음반 커버, 브랜딩, 캐릭터 디자인, 환경 디자인 프로젝트 등에 일러스트를 제공한다.

COMMENT   '상반된 감정'을 일러스트로 표현하고자 합니다. 부드럽고 샤프하거나 역동적이면서도 정지해 있는 느낌을 표현하고 싶습니다. 작품을 통해 비상하는 느낌과 불가사의 함, 눈에 보이지는 않지만 감각적으로 느껴지는 무형의 것들을 표현하고 싶습니다. 또한 그러한 감각을 바탕으로 한 그림의 세계관과 이야기를 구상하는 경우가 많습니다. 그 세계에는 어떤 물질이 존재하고 그 환경에서는 어떤 사람들이 살아가며 그들은 그 공간과 어떻게 관련되어 있는지 궁금합니다. 현실감이 있으면서도 마치 먼 기억처럼 흐릿하게 느껴지는 장면을 표현하고 싶습니다. 향후에는 음악 관련 아트워크나 서적의 커버 일러스트 작업을 더 해보고 싶습니다. 현재는 '마법과 고향'을 주제로 한 신작 코믹을 작업하고 있습니다.

1	4
2 3	5

1 『Windy, Cloud City Blue』 Personal Work / 2023   2 『Sedimentals, Diatomaria』 Personal Work / 2024   3 『See You Again』 Personal Work / 2024   4 『Eon's Shell Cycle』 Personal Work / 2024   5 『Eon's Growing Home』 Personal Work / 2024

EON'S SHELL CYCLE AP.1

EON'S GROWING HOME AP.1

JEMI

X (Twitter)   jemini_527   Instagram   jemini_527   URL   jemi-portfolio.tumblr.com
E-MAIL   rejemini527@gmail.com
TOOL   Procreate / iPad Pro

PROFILE   나가노현 출신으로 도쿄에 거주한다. 2023년부터 일러스트레이터 겸 디자이너로 활동하고 있다.

COMMENT   꿈 같은 가상 세계를 중심으로 작업하고 있으며 스토리가 느껴지는 그림을 그리는 것이 목표입니다. 스타일은 인물이나 풍경을 중심으로 SF, 서스펜스, 판타지 등 영화 같은 다양한 세계관을 그리는 것이 특기입니다. 또한 디자이너로서는 그래픽이나 ZINE 등 종이 제품의 출력물을 다루는 것을 좋아합니다. 향후에는 음악이나 영화 등의 문화와 엔터테인먼트 분야뿐만 아니라 박물관, 식물원, 플라네타륨 (planetarium) 등 자연물과 관련된 작업에도 흥미를 가지고 있어 참여하고 싶습니다. 일러스트뿐만 아니라 아트 디렉션 등 디자인 분야의 일도 도움을 드릴 수 있으므로 부담 없이 상담해 주시면 감사하겠습니다.

1	2	
3	4	5

1 『AREA39_THE GAME』 Personal Work / 2024   2 『AREA39_THE GAME』 Personal Work / 2024   3 『AREA39_THE GAME』 Personal Work / 2024   4 『가공의 섬에서 온 초대장』 Personal Work / 2024   5 『RED HOUSE』 Personal Work / 2023

1
2
3
4
RED HOUSE
1 : match
2 : delivery man
3 : rabit
4 : lip
Hi! DELIVERY
since 1989
Hi!
SCARLET
LEO & LOV
CRIMSON
This is a fictional movie poster.
Presented by JEMI / illustration & Design by JEMI (@jemini_527)
JEMI

시마다 다카히로 SHIMADA Takahiro

X(Twitter)   tkhr_smd   Instagram   tkhr_smd   URL   tkhrsmd.com
E-MAIL   takahiro.rf@gmail.com
TOOL   먹물 / 주묵즙 / 크라프트지 / Procreate / iPad Pro

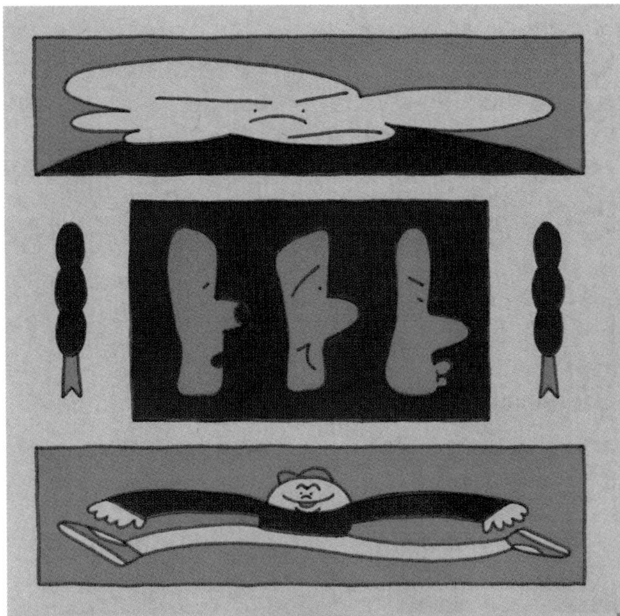

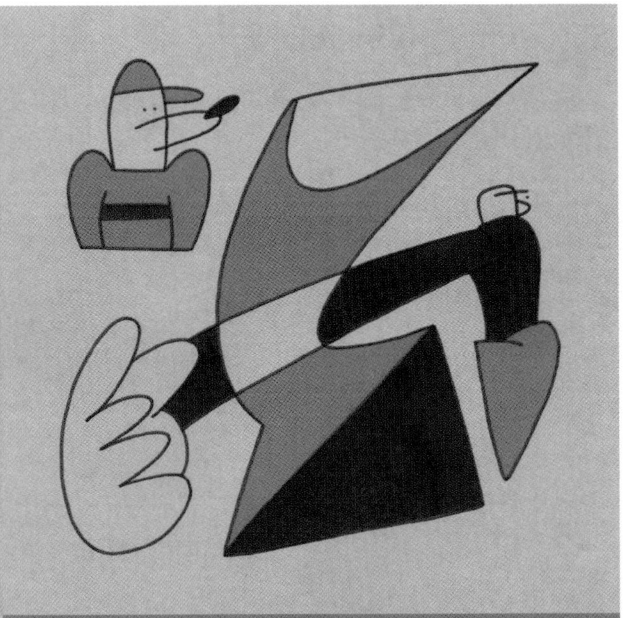

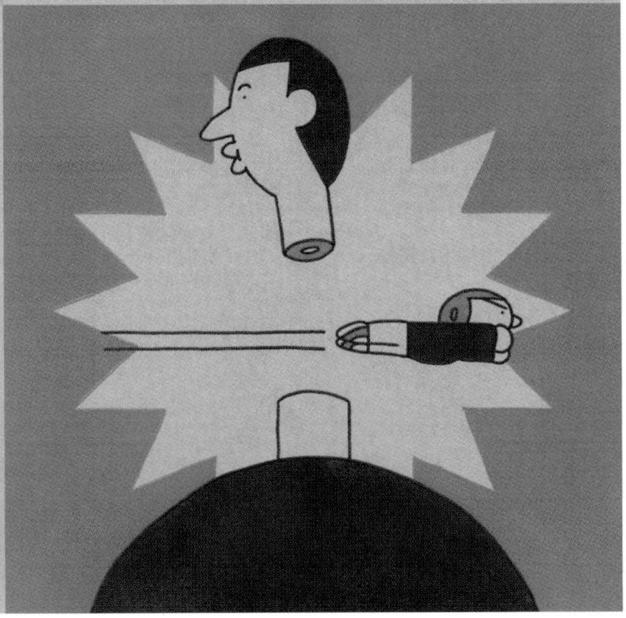

PROFILE   일러스트레이터로 시가현 출신이며 도쿄에 거주한다. 주로 출판물과 Web에서 활동한다. 수상 경력으로는 더 초이스에 여러 차례 입선했으며 TIS 공모에도 입선한 바 있다. 현재 TIS 회원으로 활동 중이다.

COMMENT   일을 맡을 경우 '캐릭터성'과 '독특함'을 요구받는 경우가 많아 독선적이지 않고 균형 있게 저의 세계관을 반영하려고 신경 쓰고 있습니다. 오리지널 작품은 일러스트레이션으로서의 수요를 고려하기보다는 떠오르는 이미지를 계속 겹쳐 그림의 강도를 높이는 데 중점을 두고 그립니다. 그림에 대한 느낌은 감상자에 따라 다르겠지만 선이나 형태는 직감적으로 즐길 수 있기를 바랍니다. 향후에도 일러스트레이션 작업과 오리지널 작품 발표를 병행해 나가고 싶습니다.

1 『무제』 Personal Work / 2024   2 『무제』 Personal Work / 2024   3 『무제』 Personal Work / 2024   4 『무제』 Personal Work / 2024   5 『젓가락』 Personal Work / 2024

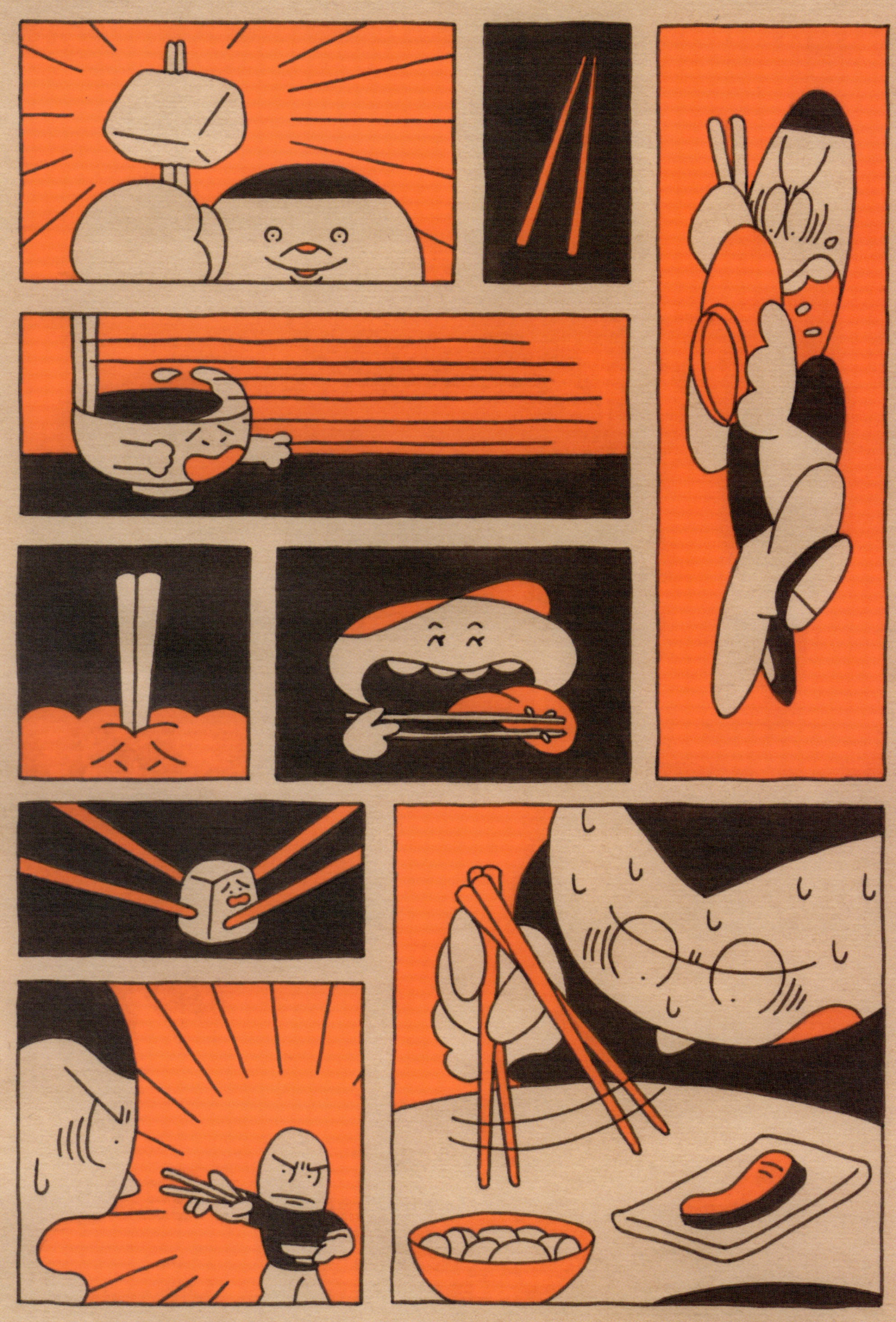

줄리안 JULIAN

X (Twitter) an02moj   Instagram mathematicsofjuliette   URL ―
E-MAIL j0201suugaku@gmail.com
TOOL 연필 / 수채화 물감

PROFILE 스캔들을 일으키는 소녀 (girly scandalous), 감성적인 한숨 (sentimental sigh), 유리 천장에 생긴 균열, 아련하고 쓸쓸한 한숨의 세계를 여자아이를 통해 묘사한다.

COMMENT 'girly scandalous'를 작품의 전체적인 테마로 내세워 고독함이 느껴지는 여자아이에게서 흘러넘치는 한숨의 감정을 이미지로 묘사하고 있습니다. 구도나 모티브는 꿈에서 본 경치를 잊지 않도록 꿈 일기 같은 감각을 담아 제작하고 있습니다. 라쿠간 과자처럼 희미하고 허무하며 여린 색채를 좋아합니다. 타인의 기준에 휘둘리지 않고 제가 귀엽다고 믿는 분위기를 꾸준히 그려나가 제가 그린 그림들이 누군가에게 작은 구원이 되기를 바랍니다. 스타일은 1970년대의 소녀 문화와 걸 그룹 Four Ladies 로부터 영향을 받았습니다. 현재 펜네임은 아티스트들의 교류 공간인 '아트바 호시오 (Artbar 星男)'의 오너 사쿠라다 무네히사 (櫻田 宗久) 씨가 명명해 준 것입니다. 향후에는 종이 매체의 재킷이나 표지 일러스트 작업을 하면서 제 나름의 Four Ladies 를 만들어 가고 싶습니다.

1	2	5
3	4	

1 「I'm with you even in my dreams, so I don't feel lonely.」 Personal Work / 2023   2 「X 알림 closet」 Personal Work / 2024   3 「Stuffed me」 Personal Work / 2024
4 「마지막 자장가」 Personal Work / 2024   5 「은빛의 봄」 Personal Work / 2023

sigh
夢日記
ごめんなさい
銀合

준로 JUNRO

X (Twitter) QQjnr Instagram — URL —
E-MAIL Junrowork@gmail.com
TOOL CLIP STUDIO PAINT PRO / Cintiq Pro 16

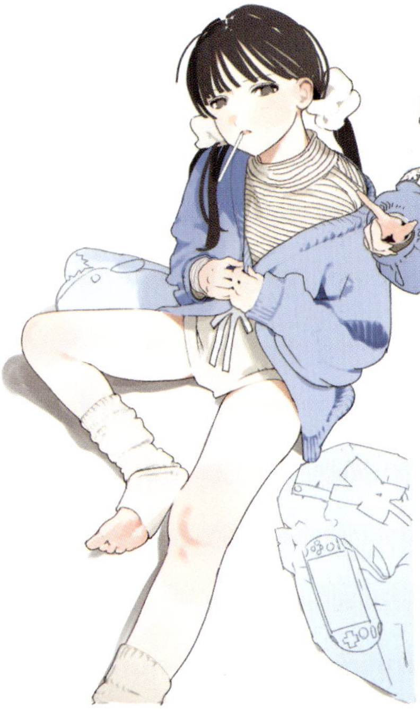

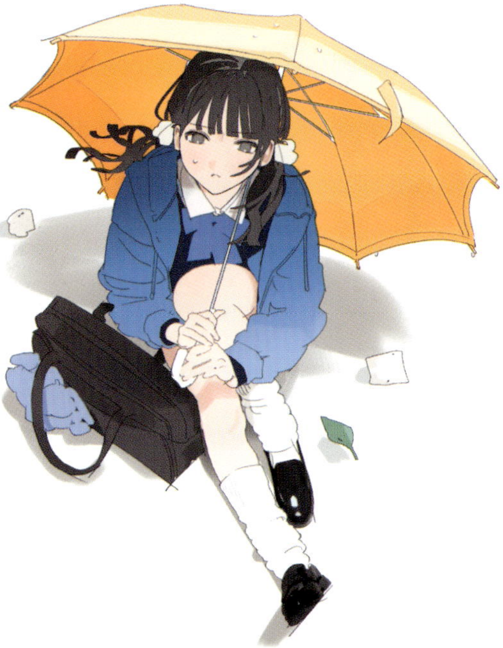

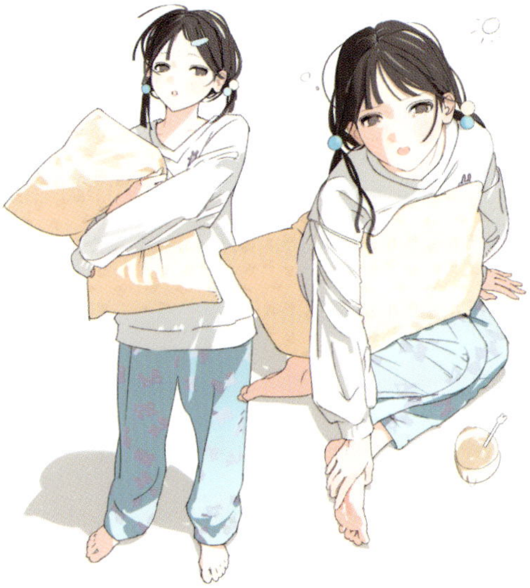

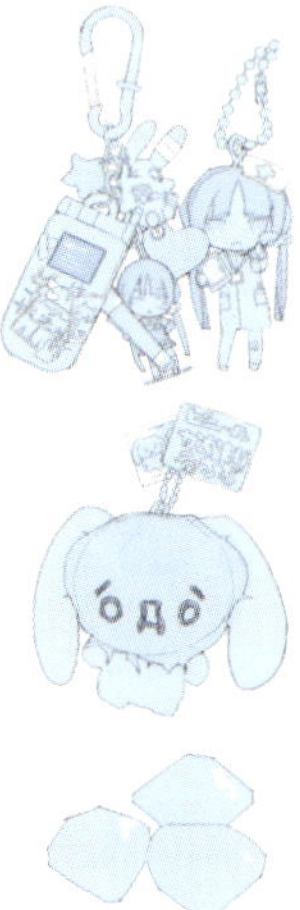

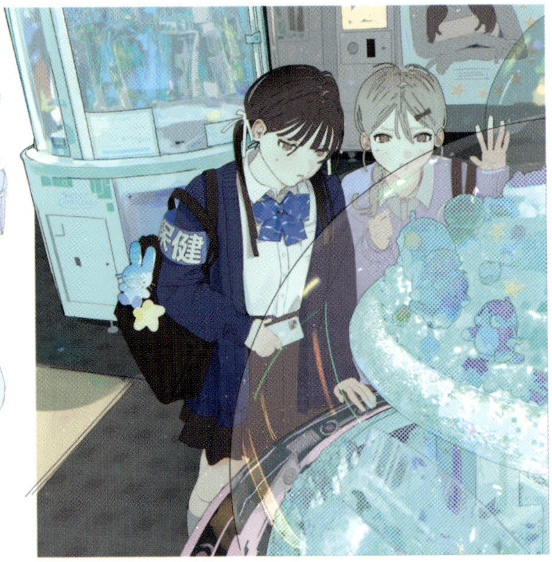

PROFILE 니가타현에 거주하며 일러스트레이터로 활동 중이다.

COMMENT 한 여자아이에게 스포트라이트를 맞춘 창작활동을 하고 있습니다. 작품을 마무리할 때 '이 아이들은 분명히 어딘가에 존재하고 있어'라고 느낄 수 있도록 무게감과 밀도를 의식해서 그립니다. 작품을 제작할 때, 밀도 있게 그려 넣는 부분과 간결하게 정리하는 부분의 콘트라스트를 통해, 주목받기를 원하는 부분으로 시선을 유도할 수 있도록 신경 쓰고 있습니다. 보는 사람이 재미있는 작품이라고 느낄 수 있다면 정말 기쁠 것 같습니다. 향후 새로운 프로젝트나 설레는 작업에 참여하기를 기대합니다.

1 2
3 4 | 5

1 『자야지!』 Personal Work / 2024 2 『비오는 날』 Personal Work / 2024 3 『아침』 Personal Work / 2024 4 『방과 후』 Personal Work / 2024 5 『고토짱』 Personal Work / 2023

保健

Jojodoboro

X (Twitter)	jojidoboro	Instagram	jojodoboro	URL	jojodoboro.carrd.co

E-MAIL   jojidoboro@gmail.com

TOOL   Procreate / ibis Paint X / iPad mini

PROFILE   인도에 거주하며 일러스트레이터로 활동 중이다. 오래된 아시아 영화나 일본의 팝 문화를 통해 많은 영향을 받았다.

COMMENT   어린 시절의 그리운 추억을 그리거나 일상생활을 터치해 보는 것을 좋아합니다. 제 캐릭터는 오래된 아시아 영화, 특히 왕가위 감독이나 오바야시 노부히코(大林 宣彦) 감독이 표현하는 꿈같은 세계에서 많은 영향을 받았습니다. 향후에는 애니메이션에도 도전해서 제가 좋아하는 노래를 애니메이션으로 표현해 보고 싶습니다.

1	2
	3

1 『Moire』 Personal Work / 2022   2 『Natural Kibun』 Personal Work / 2022   3 『Nonlinear Diffusion』 Personal Work / 2022

John Kafka

X (Twitter)　john_kafka02　　Instagram　john_kafka02　　URL　—
E-MAIL　johnkafka@naver.com
TOOL　Procreate / iPad Pro

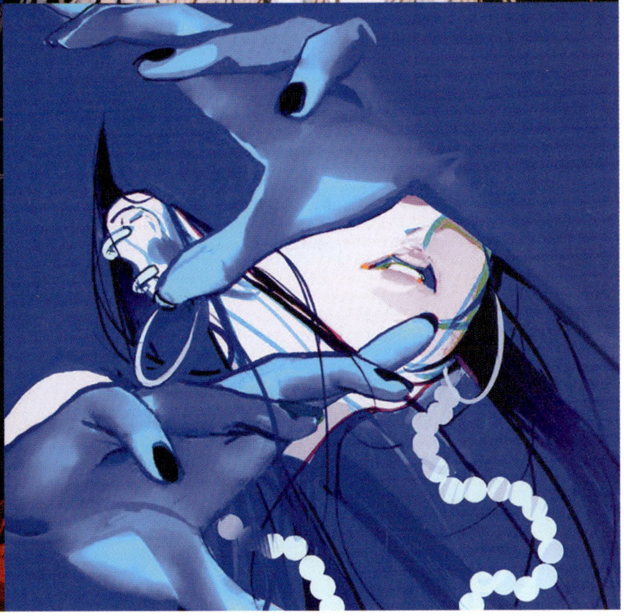

PROFILE　　디자이너 겸 일러스트레이터로 활동하고 있다.

COMMENT　　그림을 그릴 때 특히 신경 쓰는 것은 '색채와 개성'입니다. 참신함보다는 제가 좋아하는 것을 최대한 개성적으로 표현하는 것이 목표입니다. 펜네임은 좋아하는 문호 '카프카'의 이름을 따서 지었습니다. 책 읽기를 좋아하다 보니 자연스럽게 그렇게 이름을 짓게 되었습니다. 향후에는 전시나 출판 등 좀 더 대외적인 활동을 더 많이 할 수 있으면 좋겠습니다. 개인적인 목표로는 꼭 책을 써보고 싶습니다. 그림뿐만 아니라 그림을 활용할 수 있는 활동에도 도전해 보고 싶습니다.

1	2	
3	4	5

1 『BLUE』 Personal Work / 2024　2 『DECO』 Personal Work / 2024　3 『RED HAND』 Personal Work / 2024　4 『BLIND』 Personal Work / 2024　5 『무제』 Personal Work / 2024

TIK TAK
MIDNIGHT COLA.
you're beautiful
VO.
LONELY
BLACK
ID

시라마메 SHIRAMAME

X (Twitter) Shira_mame93   Instagram shira_mm93   URL ——
E-MAIL 93Shiramame@gmail.com
TOOL CLIP STUDIO PAINT PRO / iPad Pro

PROFILE 나가노현에 거주하며 일러스트레이터로 활동 중이다. 인간 캐릭터 머리에 동물의 귀가 달린 그림과 일본식 감성을 좋아한다. 일러스트 주위를 스테인드글라스나 페이퍼 커팅 아트 (paper cutting art) 풍의 흰색 테두리로 둘러싸, 화려하고 선명한 일본식 일러스트를 그린다. 어린 시절부터 독학으로 일러스트를 그려 왔으며, 팬 아트를 계기로 2022년부터 이 스타일로 활동하게 되었다. 과거에는 소설의 표지 일러스트나 삽화, 굿즈용 일러스트 등을 담당한 경험이 있다.

COMMENT '和 (일본식 감성)'을 테마로 소품을 가득 채워 정보량을 늘리고, 손의 포즈와 배치에 신경 써서 제작하고 있습니다. 일본식 취향에 맞춰 남자아이를 그리는 것이 특기입니다. 펜네임은 네이밍 센스가 좋은 여동생의 의견을 따랐습니다. 향후에는 일본풍 MV 일러스트, 재킷 일러스트 등 새로운 작업에도 도전해 보고 싶습니다.

<table>
<tr><td></td><td>2</td><td rowspan="2">4</td></tr>
<tr><td>1</td><td>3</td></tr>
</table>

1 『행운의 잉어』 Personal Work / 2023   2 『여우 가면』 Personal Work / 2023   3 『좋은 인연』 Personal Work / 2024   4 『푸른 괴물』 Personal Work / 2023

ツ之鬼八朗

Z-Z

X(Twitter) z_gvjz   Instagram vvgzj10   URL zgvjz.fanbox.cc
E-MAIL   z-z@r11r.jp
TOOL   CLIP STUDIO PAINT PRO / iPad Pro

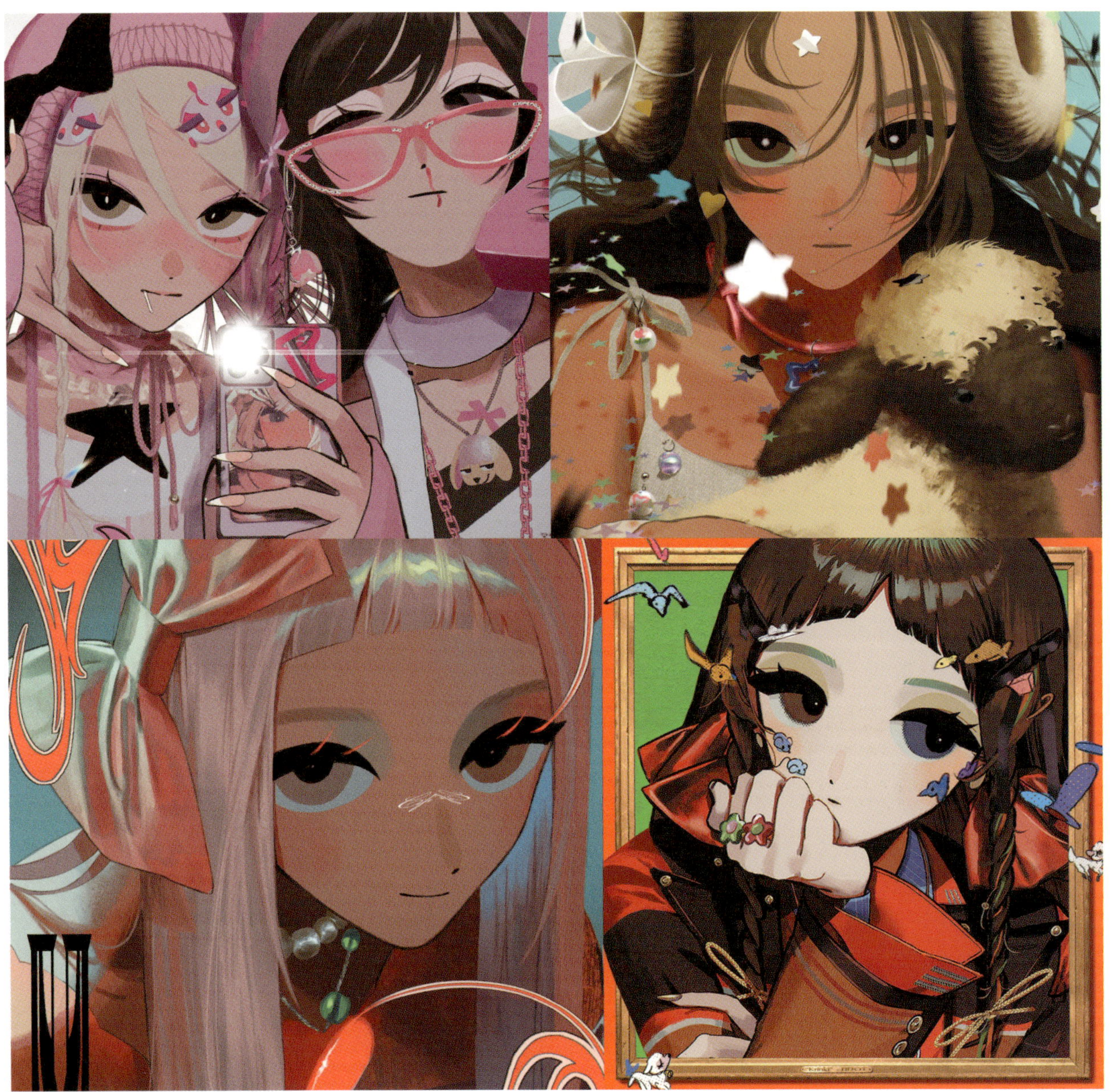

PROFILE   얼굴의 특징과 인물이 가지는 세계관을 독창적이고 밝은 미니멀한 그림체로 표현하는 작품으로 작업한다. 캐릭터 일러스트는 물론, 콘셉트 구축, 그래픽 디자인, 아트 디렉션을 특기로 하며, '색채 검정 일러스트 콩쿠르 2022'에서 사이토 나오키상을 수상했다.

COMMENT   표현하고 싶은 비주얼을 목표로 그릴 때, 모델이나 공간의 프로듀싱뿐만 아니라, 붓의 터치와 묘사 수준 등 그림만이 지닌 고유한 표현도 중요하게 생각합니다. 스타일의 특징은 '데포르메와 리얼리즘의 콘트라스트'라고 할 수 있습니다. 그림을 감상하는 사람들이 질감과 리듬을 통해 좋은 기분을 느낄 수 있기를 바랍니다. 향후에는 아티스트로서의 총괄적인 비주얼 디렉션을 담당할 기회를 더 늘려가고 싶습니다. 또 그림이나 디자인에 그치지 않고 모든 가능성을 탐색하면서 많은 사람들과 오랫동안 함께 할 수 있는 프로젝트를 만드는 것이 꿈입니다.

1	2
3	4

5

1 『klako! <Patry/Erma>』 Personal Work / 2024   2 『55 * <Mary>』 Personal Work / 2024   3 『LIDOT 3rd Album "Cifi" teaser <Haru>』 Personal Work / 2024   4 『LIDOT debut teaser <Haru>』 Personal Work / 2023   5 『LIDOT 2nd Album "Afer" teaser <Haru>』 Personal Work / 2023

2nd Album "Afar"

스즈키 하루카 SUZUKI Haruka

X (Twitter) suzukiharuka0_0   Instagram suzukiharuka0_0   URL suzukiharuka.com
E-MAIL suzukibon0221.2@gmail.com
TOOL Procreate / Photoshop CC / Illustrator CC / iPad Pro / Cintiq Pro 24 / 연필 / 아크릴 구아슈

PROFILE
1989년 시즈오카 출생으로, 애니메이션, 일러스트레이션, 만화 등 작품에 맞는 표현 방법을 찾으면서 지속적으로 제작하고 있다. 2018년까지 프리랜서로 활동하다가 2019년부터는 Pie in the sky에 소속되었다. 개인전 개최나 그룹전 참가 등의 활동도 하고 있다. 대표작으로『지코마루』, TV 애니메이션『봇치 더 록!』ED, NHK 음악 방송 '모두의 노래(みんなのうた)'『벌레의 속삭임』,『수염, 수염이 퐁퐁』등이 있다.

COMMENT
단순한 그림이지만 캐릭터의 사소한 움직임과 극적으로 변화하는 순간의 분위기가 느껴지는 그림이 되기를 기대하며 그립니다. 초대 플레이스테이션 시절의 폴리곤 이등신 캐릭터와 짧은 코믹 만화에서 표현되는 미니 캐릭터를 좋아해서, 머리에 비해 몸이 짧은 캐릭터는 그런 데서 영향을 받았습니다. 향후에는 오리지널 애니메이션 작품과 캐릭터를 계속해서 제작하고 싶습니다. 서적 관련 작업은 경험이 많지 않지만 기회가 된다면 꼭 해보고 싶습니다. 무엇보다 그림 그리는 일을 앞으로도 즐겁게 계속할 수 있으면 좋겠습니다.

<table>
<tr><td>1</td><td>2</td><td>4</td></tr>
<tr><td>3</td><td></td><td>5</td></tr>
</table>

1『slip』콜라보 굿즈 일러스트 / 2021 / 빌리지 뱅가드(Village Vanguard) **2**『HANAZAWA KANA Showcase Live 2021 'Moonlight Magic'』라이브 굿즈 일러스트 / 2021 / 포니 캐니언 **3**『오늘은 더 이상 안 돼』Personal Work/2021 **4**『안 돼요』Personal Work/2021 **5**『이젠 안 되겠어, 흠』Personal Work / 2021

だめです

もうだめだ
ふーん

스리미 SURIMI

X (Twitter) eokaku_surimi   Instagram —   URL potofu.me/eokakusurimi
E-MAIL eokakusurimi@gmail.com
TOOL Procreate / iPad Pro

PROFILE   간토 출신으로, 게임과 달콤한 것을 좋아한다. SNS를 중심으로 일러스트를 올리고 있다.

COMMENT   생활에 관련된 그림 그리기를 좋아합니다. 일상의 습관, 식사를 만들어서 먹기까지의 과정, 방안에 남아 있는 생활의 흔적 같은 것에 강하게 매료됩니다. 미니어처 가든 (miniature garden) 요소가 있는 시뮬레이션 게임('심즈(The Sims)', '동물의 숲' 등)에서, 가구와 소품을 배치하고 사람들이 생활하는 모습을 바라보는 것을 좋아하는데, 그런 느낌을 그림 속에서도 느낄 수 있을 것입니다. 대체로 고양이 소녀를 모티브로 삼습니다. 현실에서 살짝 벗어난 느낌을 담고 싶어서 비인간적인 요소를 작품에 넣습니다. 그러면 마음이 안정되는 느낌을 받습니다. 향후에도 생활과 관련된 그림을 계속해서 그리고 싶습니다. 그리고 벽에 장식할 그림을 아날로그로 그려보고 싶습니다.

1
2
3

1 『귀로』 Personal Work / 2024   2 『교자 나이트』 Personal Work / 2024   3 『5월의 아침』 Personal Work / 2021

세노 벤토리야 SENOBENTOYA

X (Twitter) memomomomome   Instagram bentoya5972   URL ——
E-MAIL senobentouya@r11r.jp
TOOL Procreate / iPad Pro

PROFILE

자질구레하지만 털털하고 개성 있는 것들을 좋아한다. 이 세상에는 없는 간식이나 장난감, 무기 등의 아이템을 자주 사용한다. '고스플라도 (GOSPLAD)' 라는 곳에 살고 있는 사람들과 이야기가 내 세계의 중심이다.

COMMENT

저는 '고스플라도' 를 비롯해서 저와 함께 있는 세계 속의 아이템을 메인으로 그리고 있습니다. '이것은 이런 이유로 이렇게 존재한다' 라는 식으로 존재에 의미를 부여할 때, 그 안에 귀여운 요소가 있었으면 좋겠다고 생각하며 이런 점을 중요하게 생각합니다. 해피 엔딩을 좋아해서 작품 속 이야기는 대체로 원만하게 끝을 맺습니다. 제 그림의 스타일은 작고 이 세상에 존재하지 않는 것들을 모티브로 하며, 매우 다채로운 컬러가 특징입니다. 펜네임에서 '세노' 부분은 저를 '세노' 라고 부른 사람이 있었기 때문이며, '벤토야' 는 어딘가에서 가져온 이름입니다. 향후에는 제가 창조한 세계 '고스플라도'에 관한 이야기를 형상화해 나가고 싶습니다. 캐릭터들을 입체적으로 표현해서 누군가의 생활 속에 자연스럽게 스며드는 작품을 만들고 싶습니다.

1	2	5
3	4	6

1 『잇몸과 틀니의 게임』 Personal Work / 2024　2 『햄버거 가게의 콜라보 음료』 Personal Work / 2024　3 『돌아온 문방구들』 Personal Work / 2024　4 『나인 크라운 (nine Crown) 의 드래곤』 Personal Work / 2024　5 『나인 크라운의 과자』 Personal Work / 2024　6 『우유 고양이표 상품』 Personal Work / 2024

シロレん
シロレん

소치라 SOCHIRA

SOCHIRA

X (Twitter)　Sochioo　　Instagram　socihoo　　URL　—
E-MAIL　　sochira3635m@gmail.com
TOOL　　　CLIP STUDIO PAINT PRO / iPad Pro

PROFILE　2003년생, 오키나와현 출신이며 교토에 거주한다. 2023년까지 펜화와 아크릴 물감으로 제작하였으며, 2024년부터는 디지털 작업에서도 해칭(Hatching) 기법을 살려, 여러 겹의 선을 사용해 윤곽을 뚜렷하게 드러내는 일러스트를 제작하고 있다. 주로 날카로우면서도 허무한 느낌을 풍기는 여자아이들을 모티브 삼아 그린다.

COMMENT　사람의 순간적인 행동이나 미세한 감정의 흔들림을 포착해서 그리려고 합니다. 최근에는 곤충의 모양에도 매력을 느끼며, 불안감이나 위협 등 생명이 잠재적으로 가지는 활기찬 에너지와 빛나는 분위기를 담아낸 일러스트를 그리고 있습니다. 아날로그에서 디지털로의 전환을 시도한 계기는 장소에 구애받지 않고 어디서나 그림을 그릴 수 있다는 단순한 이유 때문입니다. 펜네임은 제가 사람의 보디라인과 둥글고 볼륨감 있는 몸매에 대한 취향을 반영하였으며, 글자 자체의 조합에도 보디라인을 연상시키는 둥그스름한 형태를 선택해서 구성했습니다. 향후에는 캐릭터 디자인과 MV 등에 참여하고 싶습니다. 특히 하드 코어 음악을 좋아하기 때문에 기회가 된다면 꼭 비주얼(영상) 제작에 참여하고 싶습니다.

	2	
1		4
	3	

1 『춤』 Personal Work / 2024　2 『위협』 Personal Work / 2024　3 『신세계로』 Personal Work / 2024　4 『보다』 Personal Work / 2024

다카라돈 TAKARADON

X (Twitter) TreasureBooru   Instagram —   URL www.vivivit.com/treasurebooru
E-MAIL northwoodinside@gmail.com
TOOL CLIP STUDIO PAINT EX / iPad Pro

PROFILE

애니메이터 겸 영상작가로 활동하며, 상업 애니메이션으로는 극장판 『메이드 인 어비스(MADE IN ABYSS)』의 원화 및 2기 연출을 담당했다. 키네마 시트러스 (KINEMA CITRUS) 제작의 오리지널 작품 <Ninja Skooler>의 감독이다. 영상 작가 나토리 사나(名取さな)의 『아마카미사마』, 『애니멀 마~루』의 애니메이션을 담당 하였으며, MyGO!!!!(BanG Dream!) 밴드의 『실루엣 댄스(影色舞)』 뮤직비디오(MV) 감독, Holo*27 사쿠라 미코×우사다 페코라의 『모쉬 레이스(Mosh Race)』 부감 독이다. Aiobahn 『non-reflection』 MV 감독과, 영상 제작 유닛 『현자』에서 모브 사이코 2~3기의 아이캐치를 제작했다.

COMMENT

일러스트를 제작할 때는 주요 선을 사용하지 않고 색채와 복장, 공간이 일체가 되어 캐릭터의 분위기에 집중할 수 있도록 노력하고 있습니다. 스타일의 특징으로는 사람 의 시야에 가까운 색채를 기반으로, 한눈에 들어오는 산뜻함을 추구하면서 작업합니다. 시력이 별로 좋지 않은 편이어서 입체적인 구조나 세부 묘사보다는 순간적인 인 상과 색감을 강조하는 방식으로 작업합니다. 일상 속에서 지나치게 드라마틱하지 않은 순간을 그리는 것을 좋아하며, 애니메이션에서도 이런 부분에 초점을 맞춰 개인 제작을 하고 있습니다. 이러한 작업에도 관심을 기울여주시면 감사하겠습니다. 여러 가지 툴을 이용해서 작품 제작이 편리해졌지만, 향후에는 원점으로 돌아가 아날로 그적으로 작업하며 불편함 속에서 제작의 즐거움을 찾고 싶습니다.

1 『연습장』 Personal Work / 2024   2 『연습장』 Personal Work / 2024   3 『연습장』 Personal Work / 2024   4 『연습장』 Personal Work / 2024

tatamipi

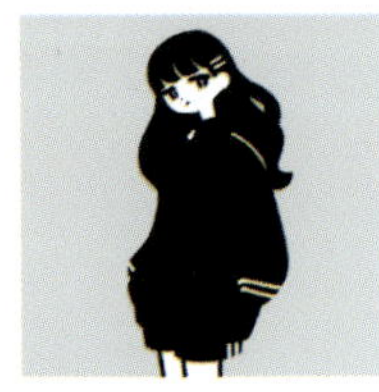

X (Twitter) tatamipi Instagram tatamipi URL www.pixiv.net/users/6730816
E-MAIL ozashikitatami@gmail.com
TOOL CLIP STUDIO PAINT PRO / Intuos Pen

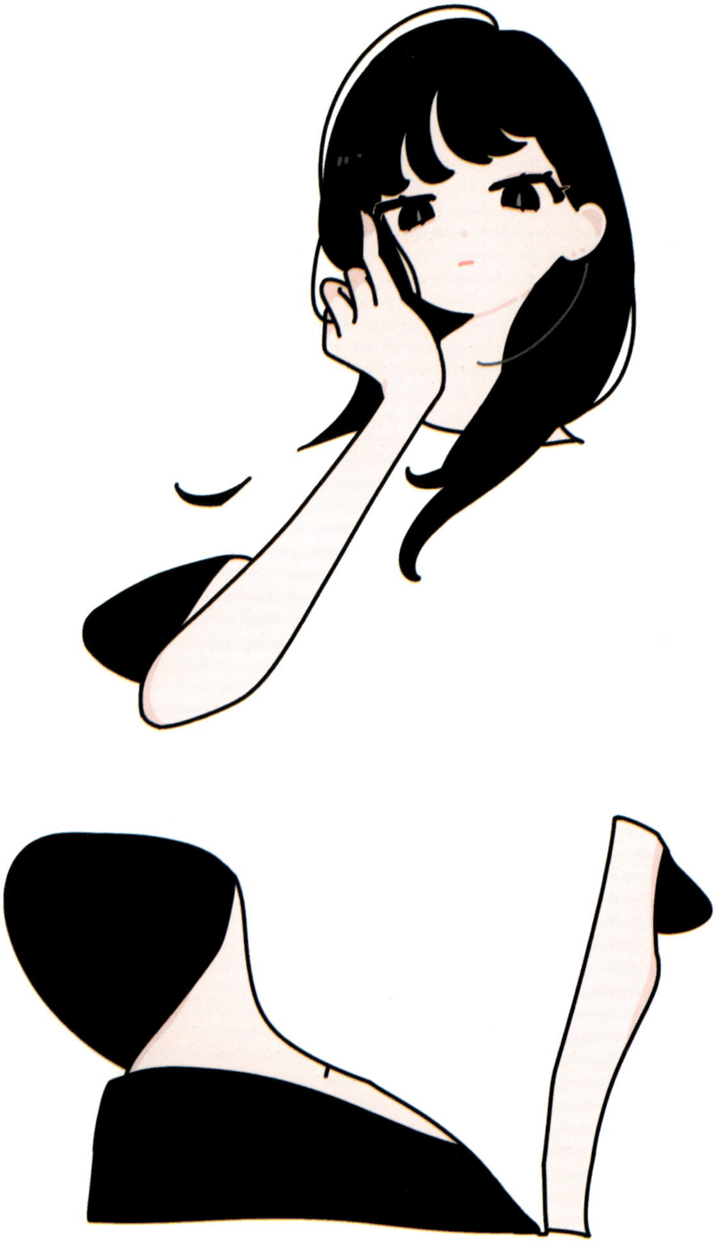

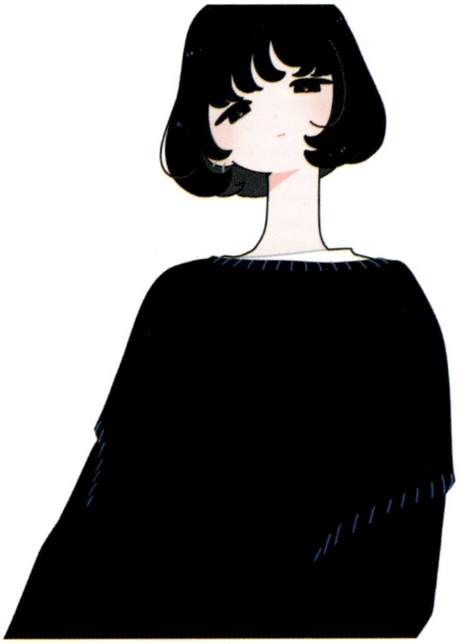

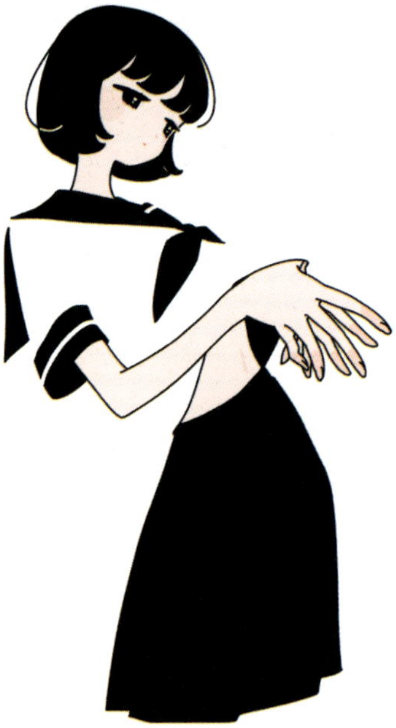

PROFILE 도쿄에 거주하고, 일러스트 제작을 중심으로 활동하고 있으며 심플한 선과 소녀 그리기를 좋아한다.

COMMENT 정확성보다 기분 좋은 느낌을 중요하게 생각하며 가장 잘 어울리는 선을 찾아 그립니다. 얼굴과 앞머리에 특히 정성을 들이며, 하이라이트와 머리카락 끝의 흐름처럼 작은 요소들을 중요하게 생각합니다. 그림을 그리기 시작했을 무렵에는 컴퓨터 처리 속도가 느려, 필압 검지 기능이 없는 펜으로 천천히 선을 그리면 어떻게든 그림을 완성할 수 있는 환경이었습니다. 그런 환경에서 계속 작업했던 것이 지금의 작풍과도 연결되어 있는 것 같습니다. 펜네임은 『tatami』 만으로는 SNS 등의 ID를 얻기 어려워, 이모티콘 '(ipi)'를 붙였습니다. 향후에는 제가 좋아하는 음악에 관련된 작업에 참여할 수 있으면 좋겠습니다.

1 2 3 4

1 『아래』 Personal Work / 2023 2 『스티치』 Personal Work / 2023 3 『마음속』 Personal Work / 2023 4 『마운틴 재킷』 Personal Work / 2023

다나토 THANAT

X (Twitter)   sonokitomajima   Instagram   —   URL   thesongisyou.minibird.jp
E-MAIL   thanat@thesongisyou.minibird.jp
TOOL   Photoshop CC / CLIP STUDIO PAINT EX / COMIC STUDIO PRO / Cintiq 16

PROFILE

만화가이며, 다마 미술대학 생산디자인학과 텍스타일 디자인을 전공했다. 기존 출간 작품으로는 『스니키 레드(Sneaky Red)』(쇼덴샤), 『여기 저기 우리들은』 시리즈 (홈사) 등이 있다. 현재 전자 잡지 『.Bloom(도트블룸)』(홈사)에서 최신작을 연재 중이다.

COMMENT

가능한 한 세심하게 선을 그리고, 화면 내의 색채 수를 제한하며, 사물의 요소를 최대한 줄이는 것에 신경 쓰고 있습니다. 만화가 중에는 시라토 산페이(白土三平), 아즈마 히데오(吾妻ひでお), 카리 스마코(雁須磨子)로부터 그림의 영향을 많이 받았습니다. 스타일의 특징은 '옛날을 연상시키는 그림으로 현대적인 요소를 표현한다' 는 점입니다. 펜네임은 'thanatophobia(타나토포비아, 죽음에 대한 공포)'에서 가져왔습니다. 향후에는 인간 이외의 캐릭터를 그리거나, 여성을 주인공으로 한 만화 제작에 도전하고 싶습니다.

1 『여기 저기 우리들은(그 후, 우리들은 그때부터) 3 / 다나토』 커버 일러스트 / 2024 / 홈사   2 『.Bloom vol.46』 커버 일러스트 / 2024 / 홈사   3 『블루 버드 리더(Blue Bird Reader) / 다나토』 컬러 표지 / 2024 / 홈사   4 『『여기 저기 우리들은(그 후, 우리들은 그때부터) 3 / 다나토』 커버 일러스트 / 2024 / 홈사

쓰우신 TSUUSHIN

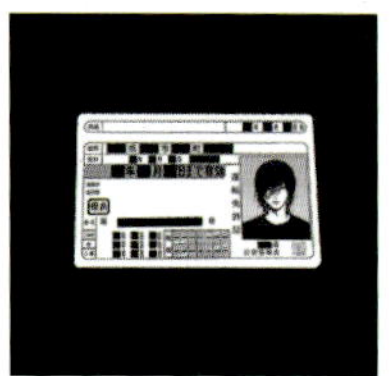

X (Twitter)   lol04null   Instagram   2shin04   URL   —
E-MAIL   lol04null800@gmail.com
TOOL   CLIP STUDIO PAINT EX / iPad Pro

PROFILE   오사카에 거주하며 상업 만화가로 활동 중이다. 취미로 그림을 그리고 파친코를 하며 식사와 음주를 즐기는 생활을 하고 있다.

COMMENT   그림에서 가장 고집을 부리는 부분은 '표정'이며, 그 점을 좋게 봐 주시는 경우가 많아 기쁘게 생각합니다. 개인적으로는 거친 선이 제 스타일의 특징입니다.
             현재는 만화를 그리며 생계를 유지하고 있지만, 언젠가 일러스트 작업도 할 수 있기를 바랍니다.

1	2	
3	4	5

1 『무제』 Personal Work / 2023   2 『무제』 Personal Work / 2024   3 『무제』 Personal Work / 2024   4 『무제』 Personal Work / 2024   5 『무제』 Personal Work / 2024

쓰카모토 아나보네 TSUKAMOTO Anabone

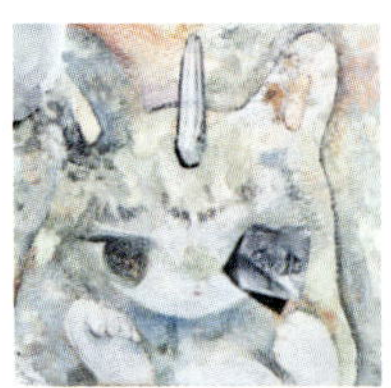

X (Twitter)   DOnut_bone   Instagram   anabone4   URL   anabone.kuron.jp
E-MAIL   donut.bone@gmail.com
TOOL   Procreate / Photoshop CS5 / iPad Pro / Cintiq 24HD

PROFILE   2015년부터 SNS를 중심으로 활동하기 시작했다. 무의식이나 꿈 같은 내적인 요소와 캐릭터에 관심을 기울이고 있다. 텍스처가 만들어내는 우연성을 활용해서 다양한 질감과 색채로 캐릭터가 지닌 내면을 표현한다.

COMMENT   텍스처를 사용할 때 '그림의 어딘가에 제가 통제하지 않은 부분'을 남기는 것을 중요하게 생각합니다. 스타일로는 해칭(hatching) 기법을 이용해서 선을 밀도 있게 사용한 그림이나, 지금까지 그린 그림 중 색이 예쁘다고 생각하는 작품들을 새로운 작품 제작의 소재로 삼고 있습니다. 각각의 그림에는 경계선이 거의 없으며, 제가 그린 그림이 다음 그림으로 자연스럽게 이어지는 듯한 느낌을 주는 작품을 그립니다. 펜네임은 '고대의 매장'을 이미지화해서 만든 것으로, 미래의 사람들도 다시 찾아 주기를 바라는 마음에서 만들었습니다. 향후에는 소설이나 음악처럼 이야기와 세계관이 있는 작업에 그림으로 참여하고 싶습니다.

1	2	
3	4	5

1 『파편 (연작)』 Personal Work / 2023   2 『재수 좋은 동물』 Personal Work / 2023   3 『파편 (연작)』 Personal Work / 2023   4 『파편 (연작)』 Personal Work / 2023   5 『굴집의 독경』 Personal Work / 2024

스키미 로무 TSUKIMI Rom

X (Twitter)	tsukimirom
Instagram	—
URL	—
E-MAIL	—
TOOL	MediBang Paint / U1200

PROFILE

도쿠시마에 거주하며, 작업한 그림을 SNS에 올리며 활동하고 있다.

COMMENT

일상의 한 장면을 잘라낸 듯한 자연스러운 구도를 의식하면서 그리고 있습니다. 손을 그리는 것을 좋아해서 가능한 한 화면에 손이 들어가도록 그립니다. 스타일로는 의도적으로 시선을 피하거나 뒷모습을 그린 작품이 많으며, 교복 입은 여자아이를 그리는 것을 좋아합니다. 향후에는 일과 관련되는 작품은 개인적으로 그릴 수 없을 것이므로, 지금은 SNS에 투고하며 느긋하게 활동하고 싶습니다.

1 2
3 4　　5

1 『무제』 Personal Work / 2024　2 『무제』 Personal Work / 2024　3 『무제』 Personal Work / 2024　4 『무제』 Personal Work / 2024　5 『무제』 Personal Work / 2024

쓰타 슈헤이 TSUDA Shuhei

X (Twitter)   ze_0m   Instagram   shuhei_tsuda   URL   www.shuheitsuda.com
E-MAIL   shhitsd@gmail.com
TOOL   하드 파스텔 / 아크릴 구아슈

PROFILE   일러스트레이터 겸 화가이며, 릿쿄 대학 문학부를 졸업했다. 전직 신문 편집 기자이며, P&G에 근무한 바 있다. 2019년 봄부터 본격적으로 그리기 시작했다. HB FILE 대회(일러스트 공모전) vol.30 후지에다 류지(藤枝リュウジ) 특별상, HB WORK vol.3 가와나 준(川名 潤) 특별상, MAYA 표지 일러스트 대회 vol.21 그랑프리를 수상한 바 있다.

COMMENT   '그림에 절대 악의를 담을 수 없다', '그리는 순간에는 최선을 다한다'는 두 가지를 중요하게 생각합니다. 그리고 구도가 중요하다고 생각하므로 사진을 찍을 때 그 점을 의식하고 있습니다. 스타일로 보면 밤의 어둠이나 명암을 강조해서 그리는 것이 특징입니다. 제트 블랙 색상을 사용해 귀여운 대상을 그리며, 윤곽선과 단색 채우기만으로도 성립하는 그림을 목표로 하고 있습니다(그런 경향이 너무 강해서 최근에는 윤곽이 없는 것을 그려보고 싶네요). 향후에는 그린 그림을 그대로 사용할 수 있는 그림책을 출판하고 싶습니다. 또 표지 일러스트 작업을 계속해 나가는 동시에 불안함과 미소가 공존하는 고인의 초상화를 그리는 화가가 되고 싶습니다. 아울러 정기적인 수입을 얻을 수 있는 활동을 하고 싶습니다.

```
1
    4
2  3
```

1 『모래비』 Personal Work / 2024   2 『어린이 나무』 Personal Work / 2024   3 『달밤』 Personal Work / 2023   4 『지친다』 Personal Work / 2024

Shuhei Terada

tutuko

X (Twitter)   _tu_tu_ko_   Instagram   _tu_tu_ko_   URL   lit.link/tutuko
E-MAIL   tu.tu.ko.0620@gmail.com
TOOL   CLIP STUDIO PAINT PRO / Intuos Pro

PROFILE   도쿄 출신의 일러스트레이터로, 2020년 구와사와(桑沢) 디자인 연구소를 졸업했다. '들춰 보고 싶은 사랑스러운 일상'을 테마로, 일상을 심플하고 선명하게 그린다.

COMMENT   일상 속의 설렘을 표현하고자, 눈으로 본 색을 바탕으로 선명하고 눈길을 끄는 색감을 도입하여 그립니다. 그림을 보는 분들의 추억과 겹칠 수 있는 일상과, 제가 느낀 설렘을 전하고자 작품을 제작하고 있습니다. 심플하고 따뜻한 분위기를 연출하는 것이 특기입니다. 향후에는 잡화나 문구 같은 친숙한 물건들, 봉제 인형이나 소프트 비닐 인형 같은 입체물 작업에도 도전해 보고 싶습니다. 일상을 구성하는 하나의 요소로 '사물'을 주제로 표현해 보는 것이 향후의 목표입니다.

1	2	5	6
3	4	7	8

1 『크레이프(crêpe)』 Personal Work / 2024   2 『금목서』 Personal Work / 2024   3 『팬케이크』 Personal Work / 2024   4 『꽃다발』 Personal Work / 2024   5 『마멀레이드』 Personal Work / 2024 / 2024   6 『봄날의 토끼』 Personal Work / 2024   7 『사과와 다람쥐』 Personal Work / 2024   8 『고양이와 풍선』 Personal Work / 2024

데아데이 TEADEI

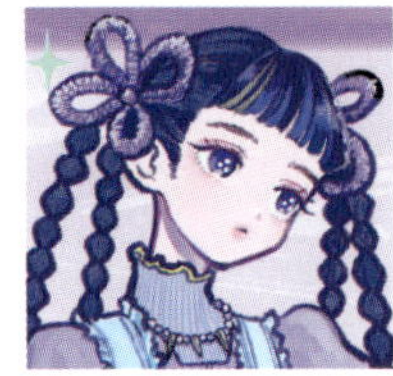

X (Twitter) teadei_gobou Instagram teadei_gobou URL —
E-MAIL teadeigobou@gmail.com
TOOL Procreate / iPad Pro

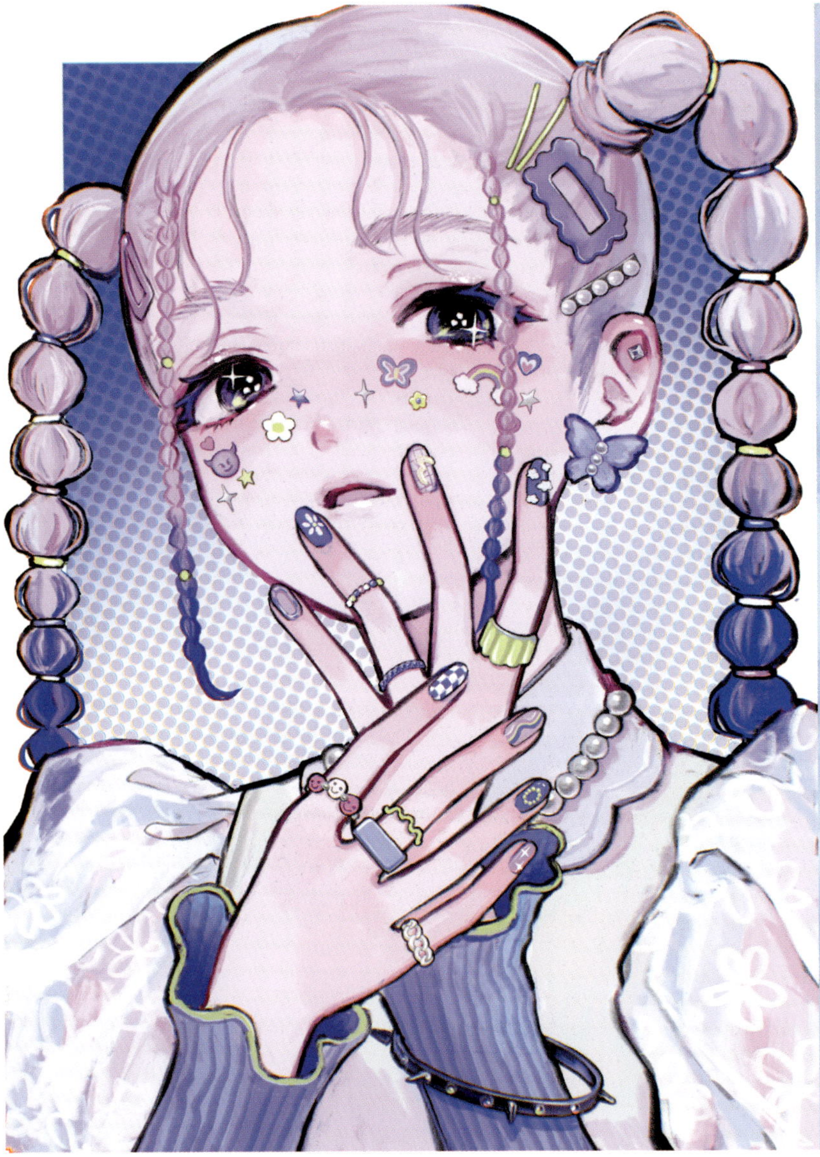

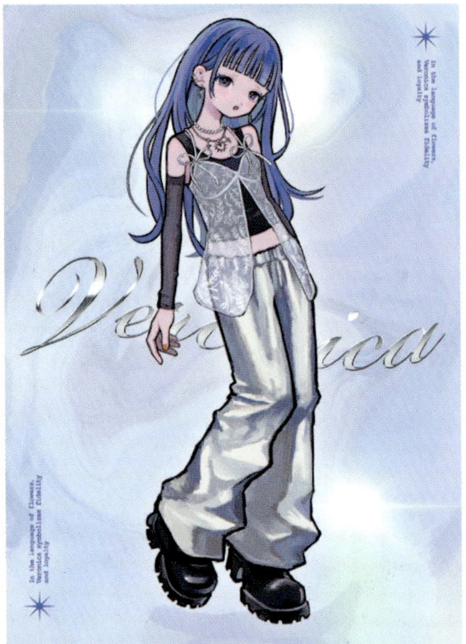

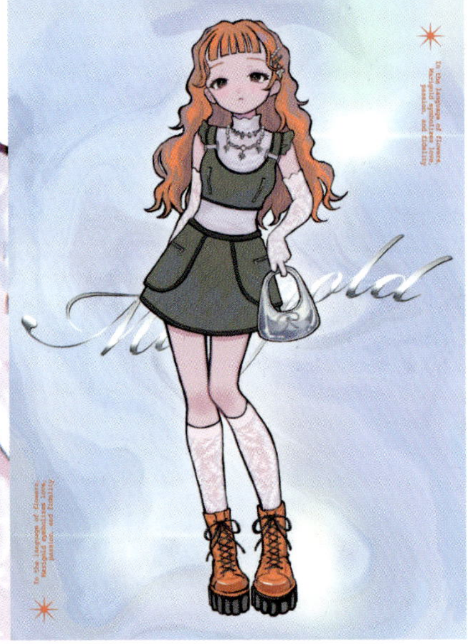

PROFILE 도쿄에 거주하며, 패션이나 옷 갈아입히기를 테마로 일러스트와 굿즈를 제작하고 있다.

COMMENT 유행에 너무 얽매이지 않고, 제가 진심으로 귀엽다고 생각되는 패션을 그리기 위해 노력하고 있습니다. 작은 장식과 액세서리, 옷의 소재까지 세밀하게 묘사하면서 코디네이트가 매력적으로 전달되도록 신경을 써서 그립니다. 스타일로는 전신 일러스트로, 약간 개성 있는 옷차림의 여자아이를 주로 그립니다. 향후에는 '사람과 옷'의 관계를 더욱 매력적으로 표현할 수 있도록 노력하고자 합니다. 또 패션과 옷 갈아입히기를 주제로 한 굿즈 제작에도 도전하고 싶습니다.

1 2 3 4

1『무제』Personal Work / 2023 2『무제』Personal Work / 2024 3『무제』Personal Work / 2024 4『무제』Personal Work / 2024

디안토 TEEANTO

X(Twitter) Mime_404   Instagram teeanto_404   URL ——
E-MAIL teeanto404@gmail.com
TOOL Procreate / CLIP STUDIO PAINT EX / iPad Pro

TEEANTO

PROFILE 캐릭터 디자인 구상을 좋아하는 일러스트레이터다.

COMMENT 인물 캐릭터 디자인에 기계 장치나 동식물의 특징을 결합하는 것을 좋아합니다. 캐릭터가 어떻게 움직일지 상상하는 데 흥미를 느낍니다. 향후에는 뮤직 비디오의 일러스트나 게임 캐릭터 디자인을 다루고 싶습니다. 또 제가 창조한 캐릭터들이 이야기를 이끌어가는 만화를 제작하는 것이 꿈입니다.

	2	4
1	3	5

1 『Original character』 Personal Work / 2023 2 『Original character』 Personal Work / 2024 3 『Original character』 Personal Work / 2024 4 『Original character』 Personal Work / 2023 5 『Original character』 Personal Work / 2024

디라 TIRA

X (Twitter)   tira_27   Instagram   tira_maid   URL   ——
E-MAIL   tira27.uwu@gmail.com
TOOL   Procreate / iPad Pro

PROFILE   어두우면서도 발랄한 그림을 그린다.

COMMENT   '제가 좋아하는 것'을 소중히 여기며 작업하고 있습니다. 다크하면서도 발랄한 분위기 표현이 특징이며, 메이드를 그리는 것을 좋아해 향후에는 메이드 카페 관련 디자인에도 도전해 보고 싶습니다.

	2	
1	3	4

1 『demon nurse』 Personal Work / 2023   2 『Bloodsucker』 Personal Work / 2021   3 『Bad girl』 표지 일러스트 / 2022 / Personal Work   4 『angel nurse』 Personal Work / 2023

덴세이 TENSEI

X (Twitter) Tensei_kkk   Instagram   tensei_kkk   URL   lit.link/Tenseikkk
E-MAIL   tenseisg0221@gmeil.com
TOOL   아크릴 구아슈

PROFILE 교토에 거주하는 대학생으로, 작가 겸 일러스트레이터로 활동 중이다. 예전에는 아크릴 구아슈를 다루는 데 서툴렀지만, 이제는 어디까지 표현할 수 있는지를 탐구하는 매체로 삼아 작품을 제작하고 있다. 대표작으로『사계』를 테마로 한 시리즈 6점을 발표했으며, 현재도 꾸준히 작업을 이어가고 있다. 2022년경부터 SNS 활동을 시작하여, 대학 졸업 후에는 본격적으로 일러스트레이터로 활동할 예정이다.

COMMENT 러프 스케치(초안)부터 밑그림, 본그림까지 모든 과정을 아날로그 방식으로 작업하는 것이 가장 큰 특징입니다. 본그림은 아크릴 구아슈만 사용해서 제작합니다. 컬러 러프와 선화는 디지털로 제작하는 방식이 실패할 확률이 적고 효율적이라는 인식이 일반적이지만, 저는 모든 작업을 아날로그 방식으로 제작하고 있습니다. 한 장의 그림을 완성하기까지 수많은 번거로운 과정을 거쳐야 하지만, 그 결과 얻게 되는 성취감은 그 무엇과도 바꿀 수 없는 큰 기쁨과 감동을 줍니다. 향후 언젠가는 아날로그로 그린 작품을 피규어로 제작해 보고 싶습니다. 제 일러스트가 굿즈로 제작되는 모습을 꼭 보고 싶습니다. 기회가 된다면 화집 출간도 목표로 하고 있습니다.

1 2 3 4

1『귀신 퇴치!』Personal Work / 2024   2『기온 시조(祇園四条)에 강림하다』Personal Work / 2024   3『백화요란(百花繚乱)』Personal Work / 2024   4『승부!!』Personal Work / 2024

Toi

X (Twitter) —— Instagram fancy_toi URL www.fancytoi.org
E-MAIL meng@fancytoi.com
TOOL 아크릴 구아슈 / Procreate / iPad Pro

PROFILE Toi(우마 코모에(馬 小萌)). 아티스트 겸 일러스트레이터로, 페인팅 작품 외에 애니메이션 작업도 한다. 시간의 두께와 공간의 셔틀 상태에 관심이 있다. 프레임과 프레임은 시간의 틈새에서 무한한 가능성으로 솟아오른다.

COMMENT '역학의 묘사'에 관심이 있어, 이를 작품으로 어떻게 구현할지 염두에 두고 작업하고 있습니다. 물체와 역학에 대한 관찰과 상상력을 결합하여 비주얼을 창조하고 있습니다. 지난 2년 동안 일러스트레이션은 물론 회화나 조각 같은 순수 예술 작품도 많이 제작해 왔습니다. 향후에도 이러한 분야에 집중할 계획입니다.

1 『Rolling-Rolling』 Personal Work / 2022 2 『ShootingStar』 Personal Work / 2020 3 『The Journey of Shape』 Personal Work / 2021 4 『Crossroad』 Personal Work / 2020

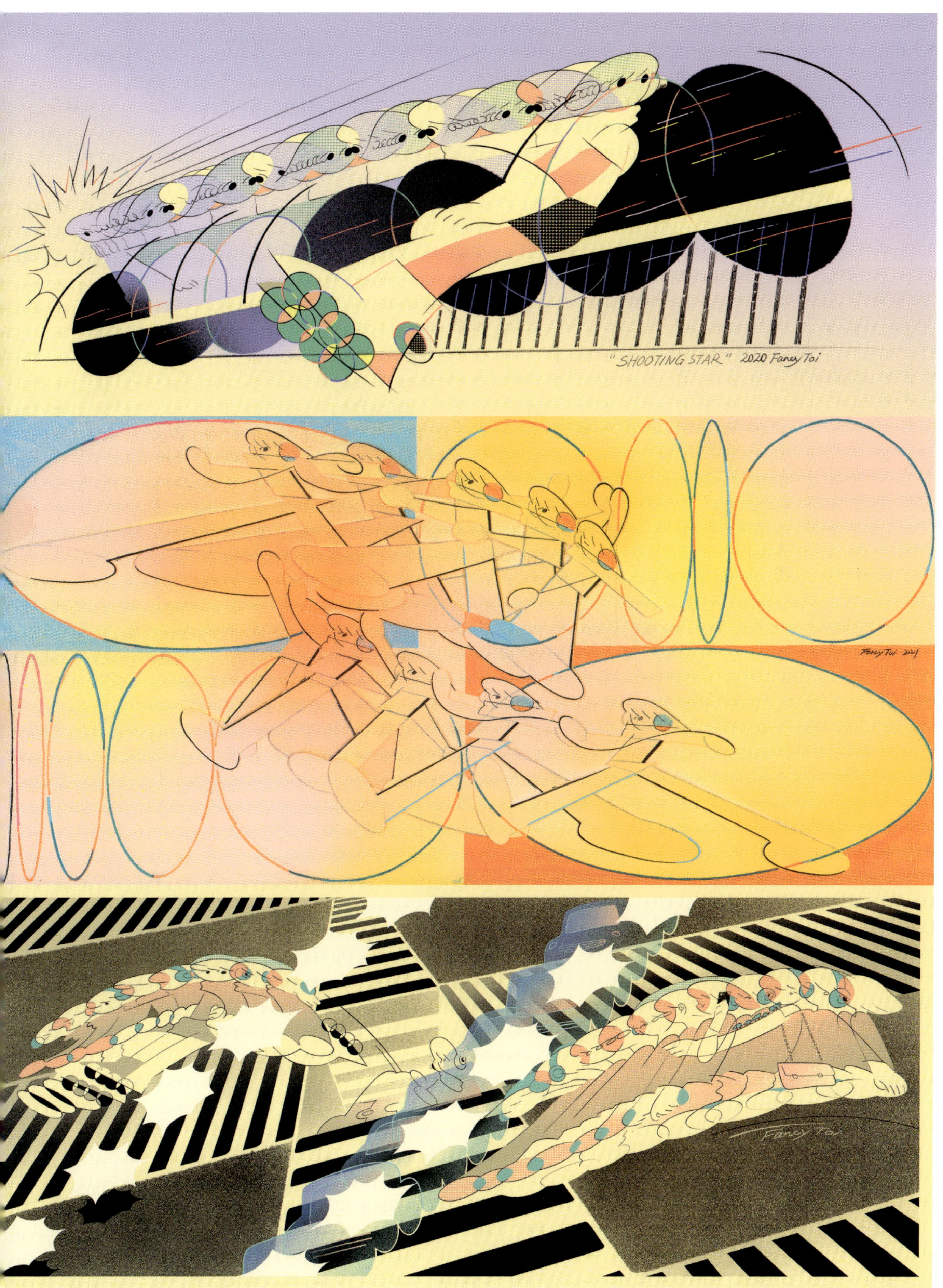
"SHOOTING STAR" 2020 Fancy Toi
Fancy Toi 2021
Fancy Toi

toubou.

X (Twitter)　ahirupoi　　Instagram　ttttoubou　　URL　www.skoota.jp/sazanami
E-MAIL　info@scooterfilms.jp
TOOL　Photoshop CC / CLIP STUDIO PAINT EX / Cintiq 16FHD

PROFILE　오리지널 작품을 제작할 때는 소마 미치코(相馬路子)를 필명으로 사용한다. 1999년 11월 10일생으로, 아오모리현 아오모리시 출신이며 도호쿠 예술 공과대학 미술과 서양화 코스를 졸업했다.

COMMENT　인물과 배경을 분리해서 생각하는 것이 아니라 함께 있는 상태를 중요하게 여기며 그립니다. 작품은 주로 사춘기와 소녀를 모티브로 그리며, 회화적인 표현을 즐겨 사용합니다. 향후에는 즐겁게 창작 활동을 할 수 있으면 좋겠습니다.

1		4
2	3	

1 『해피 엔드』 웹사이트용 일러스트 / 2024 / SCOOTER FILMS　2 『새로 내린 눈』 웹사이트용 일러스트 / 2024 / SCOOTER FILMS　3 『스쿨버스』 웹사이트용 일러스트 / 2024 / SCOOTER FILMS　4 영화『잔물결의 소녀들』 포스터 / 2024 / SCOOTER FILMS

도키와타 TOKIWATA

X (Twitter)	tokiwata_soul **Instagram** tokiwatadayo **URL** tokiwata.com
E-MAIL	tokiwatariharuka@gmail.com
TOOL	Photoshop CC / CLIP STUDIO PAINT PRO / iPad Pro / Cintiq Pro 27

PROFILE 일러스트를 통해 세계관과 캐릭터의 깊은 내면을 표현하는 것을 매우 좋아한다. 오리지널 일러스트 굿즈, 전시회, 메이드복, 의류 컬래버레이션, MV 재킷, 기업 광고 등 다양한 분야에서 활동 중이다.

COMMENT 세계관, 모티브, 캐릭터들의 성격과 관계성을 표현하는 것이 즐겁고, 이런 요소들이 그림을 그리는 데 중요한 부분이라고 생각합니다. 스타일의 특징에 대해서는 제가 모르는 부분도 있지만, '배색' '파랗다' '세계관' '인물과 배경을 통해 여러 가지를 상상한다'라는 코멘트나 키워드를 자주 받습니다. 이런 부분은 제가 그림을 그릴 때 즐기는 요소이기도 합니다. 향후에는 다양한 분야에서 무엇이든 도전해 보고 싶습니다. 또, 기회가 된다면 캐릭터와 모티브의 디자인을 포함한 여러 분야의 작업도 해 보고 싶습니다.

1 『애프터눈 티(afternoon tea, 도키와타 화집 『EVERGREEN』 화집용 일러스트 / 2023 / 마이나비 출판 2 『cute moguression』 Personal Work / 2024 3 『니쿠만』 Personal Work / 2022 4 『EVERGREEN(도키와타 화집 <EVERGREEN>)』 화집 커버 일러스트 / 2023 / 마이나비 출판

도노차 TONOCHA

X (Twitter) tonocha__ Instagram tonocha_ URL —
E-MAIL tonocha8@gmail.com
TOOL CLIP STUDIO PAINT PRO / iPad Pro

PROFILE 2002년 가나가와현 출생으로, 피부 표현에 집착하는 일러스트레이터다. 강한 인상을 주는 인물에게 프릴이나 꽃, 금속 장식을 더해 그리는 것을 좋아한다.

COMMENT 유일무이한 그림으로 많은 사람들에게 사랑받는 것을 목표로 합니다. 스타일은 일본적인 디자인에 서양적인 두꺼운 채색을 입히고, 몸집이 큰 남성을 탐미적으로 표현하는 방식으로 그림을 그립니다. 이처럼 정반대의 요소들을 조합해 하나의 그림으로 완성하는 것을 좋아합니다. 현재 사용하고 있는 작가명은 중학생 시절부터 사용해 온 것으로, '회색빛이 도는 청록색'이라는 뜻입니다. 향후에는 서적의 표지 일러스트, CD 재킷, MV 일러스트 같은 작업에 도전하고 싶습니다. 잘 부탁드립니다.

<table>
<tr><td>1</td><td>2</td></tr>
<tr><td>3</td><td>4</td></tr>
</table>

5

1 『마구』 Personal Work / 2022 2 『여형』 Personal Work / 2023 3 『맹견』 Personal Work / 2023 4 『헤이세이(平成)』 Personal Work / 2024 5 『인기 있는 사람』 Personal Work / 2023

万組

토마토 마켓 TOMATO MARKET

X (Twitter)	tomatoma373	Instagram tomatoma373	URL —
E-MAIL	kippetomato@gmail.com
TOOL	CLIP STUDIO PAINT PRO / iPad / Intuos

도쿄에 거주하며 일러스트레이터로 활동하고 있다. '곰과 게'를 중심으로 한 오리지널 캐릭터의 일러스트와 굿즈를 제작하고 있다.

빨강, 파랑, 노랑 등의 선명한 색을 좋아해서 일러스트에도 원색을 자주 사용합니다. 한 장의 일러스트에 너무 많은 색을 사용하지 않도록 색의 수를 제한하여, 디자인이 깔끔하게 정리될 수 있도록 신경 씁니다. 일러스트를 그리기 시작했을 무렵부터, 해외 슈퍼마켓의 진열장처럼 화려하고 밝은 스타일을 중요하게 여겨 왔습니다. 주요 라인이 있는 경우와 없는 경우 모두 그리는데, 라인이 없는 쪽이 더 잘 그려집니다. '토마토마켓'이라는 펜네임은 2018년 디자인 페스타 첫 출전 때 떠올린 이름이었습니다. 토마토를 좋아하고, 당시부터 슈퍼마켓을 모티브로 한 일러스트를 그리고 있던 터라 두 가지를 조합하게 되었습니다. 향후에는 과자 포장이나 그림책 등 지금까지 해 본 적이 없는 매체에서 작업을 해보고 싶습니다. 그리고 일 년에 한 번은 개인전을 개최할 수 있기를 바랍니다.

1	2	
3	4	5

1 『곰과 게와 베란다』 Personal Work / 2023   2 『꽃놀이보다 경단을 좋아하는 곰과 게』 Personal Work / 2024   3 『곰과 연어』 Personal Work / 2023   4 『슈퍼마켓 백귀야행』 Personal Work / 2023   5 『카트에 가득』 Personal Work / 2023

MILK
Wash
-¥50
NIKU
30% off
SAKANA

도모 TOMO

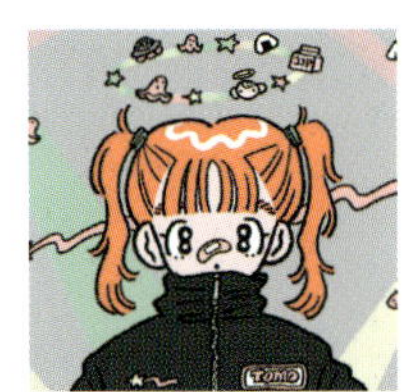

X (Twitter) tomoooo_888 Instagram tomoooo_32 URL potofu.me/tomoooo32
E-MAIL tyoshihara0902@gmail.com
TOOL CLIP STUDIO PAINT PRO / Surface / 코픽(Copic)/ 연필 / 아크릴 구아슈 / 아크릴 물감

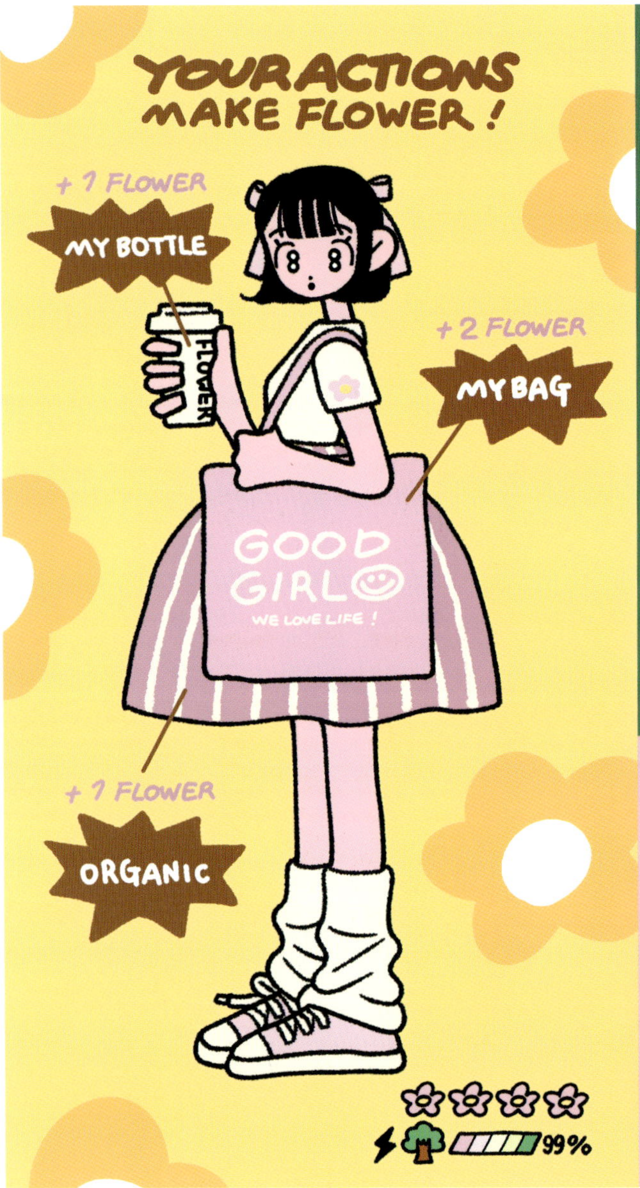

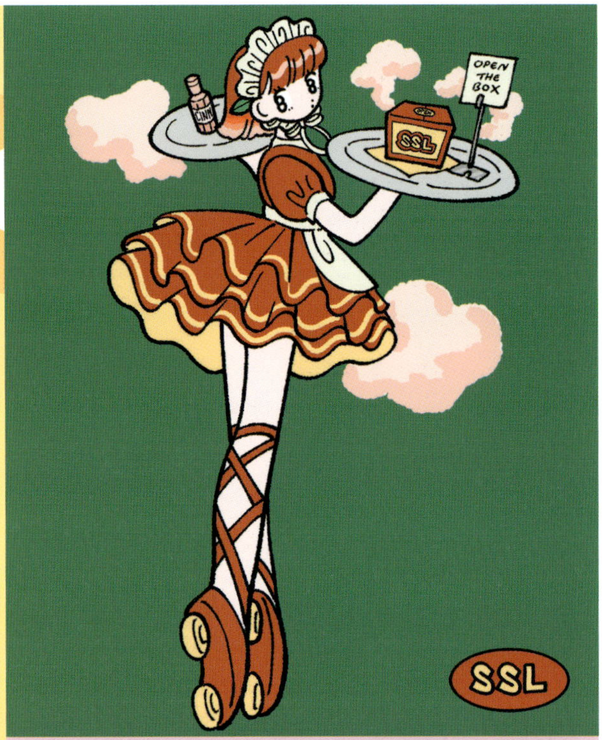

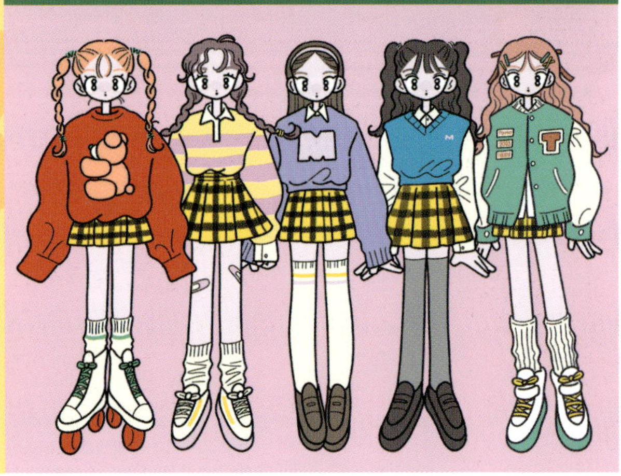

PROFILE

후쿠오카 출신으로 일러스트레이터로 활동하고 있다. 동그랗고 귀여운 눈동자를 가진 소녀를 모티브로, 일상을 상상력으로 가득 채운 발랄한 그림을 그린다. 잡지의 삽화, MV 일러스트, 아티스트 굿즈의 디자인 등 다양한 분야에서 활발하게 활동 중이다.

COMMENT

단순히 귀엽기만 한 것이 아니라, 나름의 '재미'를 더할 수 있도록 신경 쓰며 그립니다. 양면성, 갭, 의외성을 통해 재미와 매력을 느끼기 때문에 그런 요소들을 의식적으로 반영하려고 합니다. 저는 생동감 넘치고 발랄한 일러스트에 자신 있습니다. 흩어지거나 흘러넘치는 등 움직임을 사물에 부여하는 것을 좋아해서 생크림, 케첩, 소프트 아이스크림 등 유동적인 모티브를 자주 그립니다. 제 그림체에서 특히 특징적인 부분은 움찔하는 듯한 눈입니다. 향후에는 할로윈, 크리스마스, 발렌타인 같은 이벤트 행사를 정말 좋아하므로, 이러한 이벤트의 키 비주얼(key visual)에 참여하고 싶습니다. 그리고 어렸을 때부터 GReeeeN(현: GRe4N BOYZ)를 정말 좋아해서 언젠가 함께 작업할 수 있기를 바랍니다.

1 2 3 | 4

1 『YOUR ACTIONS MAKE FLOWER』 Personal Work / 2024 2 『상상 속의 레스토랑 애플 시나몬』 Personal Work / 2022 3 『아메리칸 스쿨』 Personal Work / 2023
4 『SLOTANGEL』 Personal Work / 2023

最強コスチューム
CHANCE
命中率
？％

CHANCE

SCORE
？％

나카무라 유키 NAKAMURA Yuuki

X (Twitter)	Nkmr_yuuki　　Instagram　nkmr_yuuki　　URL　nakamurayuuki.myportfolio.com
E-MAIL	nkmryuuki0222@gmail.com
TOOL	Procreate / Photoshop CC / Illustrator CC / Illustrator CC / iPad Pro / 색연필 / 아크릴 구아슈

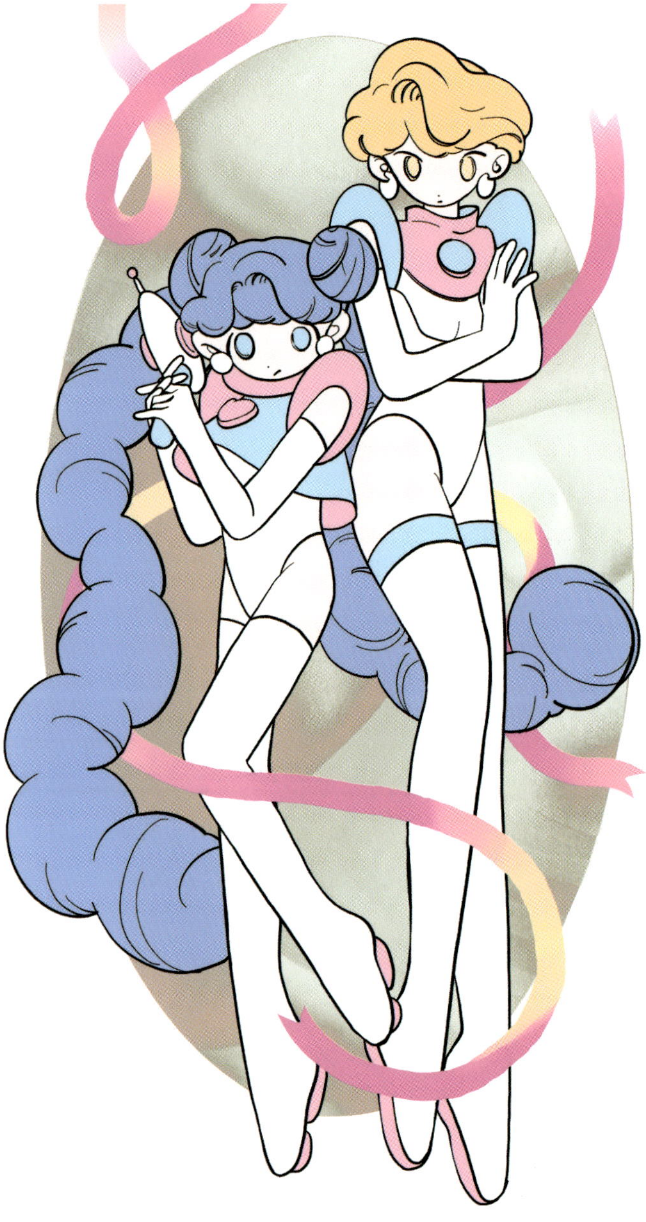

PROFILE

1996년생으로, 소케이(創形) 미술학교 비주얼디자인과 일러스트레이션 및 그림책을 전공했다. 향수를 불러일으키는 '레트로 퓨처(복고 미래주의)'와 '현재'를 결합한 일러스트레이션을 제작했다. 서적 표지 일러스트, MV 일러스트레이션, CD 재킷 아트 워크 등 다양한 분야를 작업한다.

COMMENT

기분 좋은 선과 터치를 솔직하게 그려 나갑니다. 과하게 비틀지 않고 심플한 표현 속에 작은 유머를 더하는 것을 목표로 합니다. 또 보는 사람이 신체적이거나 심리적인 요소에 제약을 느끼지 않도록, 그려지는 캐릭터도 외모와 내면의 틀에 얽매이지 않게 표현하려고 합니다. 이야기를 좋아하고 이야기와 관련된 일에 관심이 많으며, 이벤트를 매우 좋아하기 때문에 크리스마스나 발렌타인 같은 특별 행사에 관련된 일이나 캐릭터 디자인에 도전해 보고 싶습니다.

1	2		
	3	4	

1 「상처도 두렵지 않아」 전시용 작품 / 2023　2 「한밤중에 아이스크림」 Personal Work / 2023　3 「맛있는 밤샘」 Personal Work / 2024　4 「쓸쓸히 멍하니 먹는 과자」 Personal Work / 2024

nanana

X (Twitter)   nn_pic91   Instagram   nn_pic91   URL   —
E-MAIL   —
TOOL   Photoshop CC / Procreate / iPad Pro

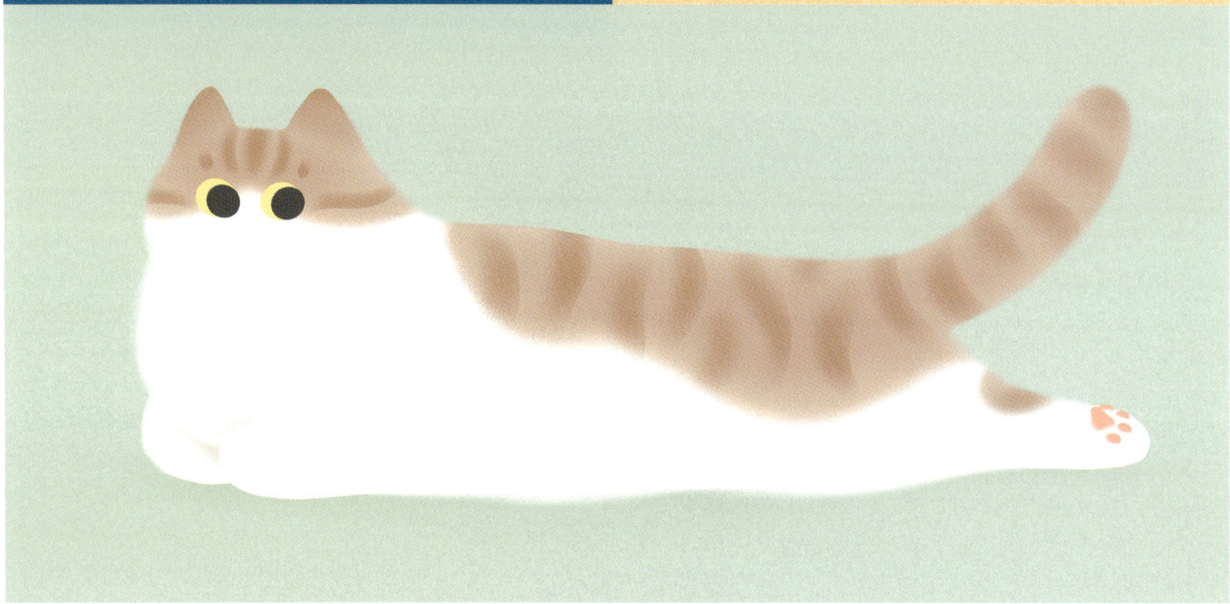

PROFILE   무사시노 미술대학 디자인정보학과를 졸업하고, 2020년경부터 부드러움을 테마로 고양이 작품을 계속 그려오고 있다. 문구나 서적의 일러스트레이션 작업을 하며, 개인전과 이벤트에도 활발하게 참여하고 있다. 따뜻한 온기와 촉감이 느껴지는 표현을 특기로 삼고 있다.

COMMENT   고양이 특유의 부드러움과 행동, 고양이다운 매력을 표현하는 것을 중요하게 생각합니다. 작품을 본 사람들이 집에 있는 고양이나 예전에 함께 살았던 고양이를 비롯해, 자신만의 마음속에 있는 고양이를 떠올릴 수 있으면 좋겠습니다. 스타일은 주요 라인을 최대한 배제하고, 주로 색칠로만 표현하는 것이 특징입니다. 고양이의 폭신한 느낌을 표현하기 위해 매일 연구하고 있습니다. 펜네임은 본명인 '나나(なな)'를 키보드로 입력할 때 가끔 실수로 '나나나(ななな)'라고 입력하는 경우가 있어서 그대로 펜네임으로 사용하기로 했습니다. 향후에는 '고양이'라는 사랑스러운 모티브를 통해 많은 사람들과 따뜻한 마음과 평온한 감정을 나누고 싶습니다.

1	2	4
3		5

1 『봄날의 꽃과 고양이』 Personal Work / 2023   2 『친구가 되고 싶은 고양이』 Personal Work / 2022   3 『편안하고 느긋한』 Personal Work / 2024   4 『달라붙는 고양이』 Personal Work / 2022   5 『음모를 꾸미는 고양이』 Personal Work / 2024

나노카 NANOKA

X (Twitter)　nanoka_san　　**Instagram**　nanokasan　　URL　—
E-MAIL　zinntyou8417@gmail.com
TOOL　CLIP STUDIO PAINT PRO / iPad Pro

PROFILE　2001년 가가와현에서 태어나, 쓰쿠바 대학 예술 전문 학군 (예술 지원 영역)을 졸업했다. 소재의 질감 표현에 중점을 두면서 아날로그적인 느낌을 살려 일러스트레이션을 제작한다.

COMMENT　순수한 존재에 관심이 있습니다. 저만의 세계관을 바탕으로, 누구에게도 휘둘리지 않고 오로지 스스로의 의지에 따라 움직이는 존재 속에서 성스러움을 발견합니다. 저만의 이콘(Ikon)을 창조하는 마음으로 창작 활동을 하고 있습니다. 눈으로 보고 손끝으로 질감과 질량을 느낄 수 있는 묘사를 목표로 그리는 것이 제 스타일입니다. 천의 두께, 체온의 정도, 머리카락 한 가닥까지 그림에 담을 수 있다면 그 존재에 조금 더 가까이 다가갈 수 있을 것 같습니다. 향후에는 일러스트라는 형식에 구애받지 않고 만화나 입체 작품 등 다양한 출력 방법을 개척해 나가고 싶습니다.


```
 2
1     4
 3
```

1 『무제』 Commission Work / 2024　2 『무제』 Commission Work / 2024　3 『tie』 Personal Work / 2024　4 『무제』 Commission Work / 2024

나오 NAO

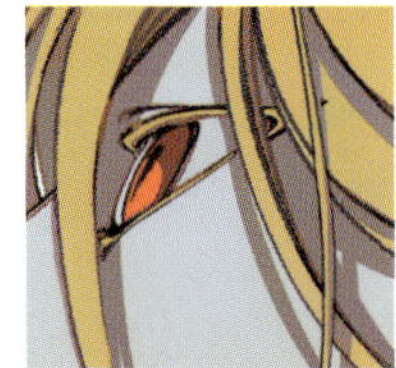

X (Twitter) Naotin3333 Instagram naotin3333 URL skeb.jp/@Naotin3333
E-MAIL n776270@gmail.com
TOOL Procreate / ibis Paint X / iPad Air

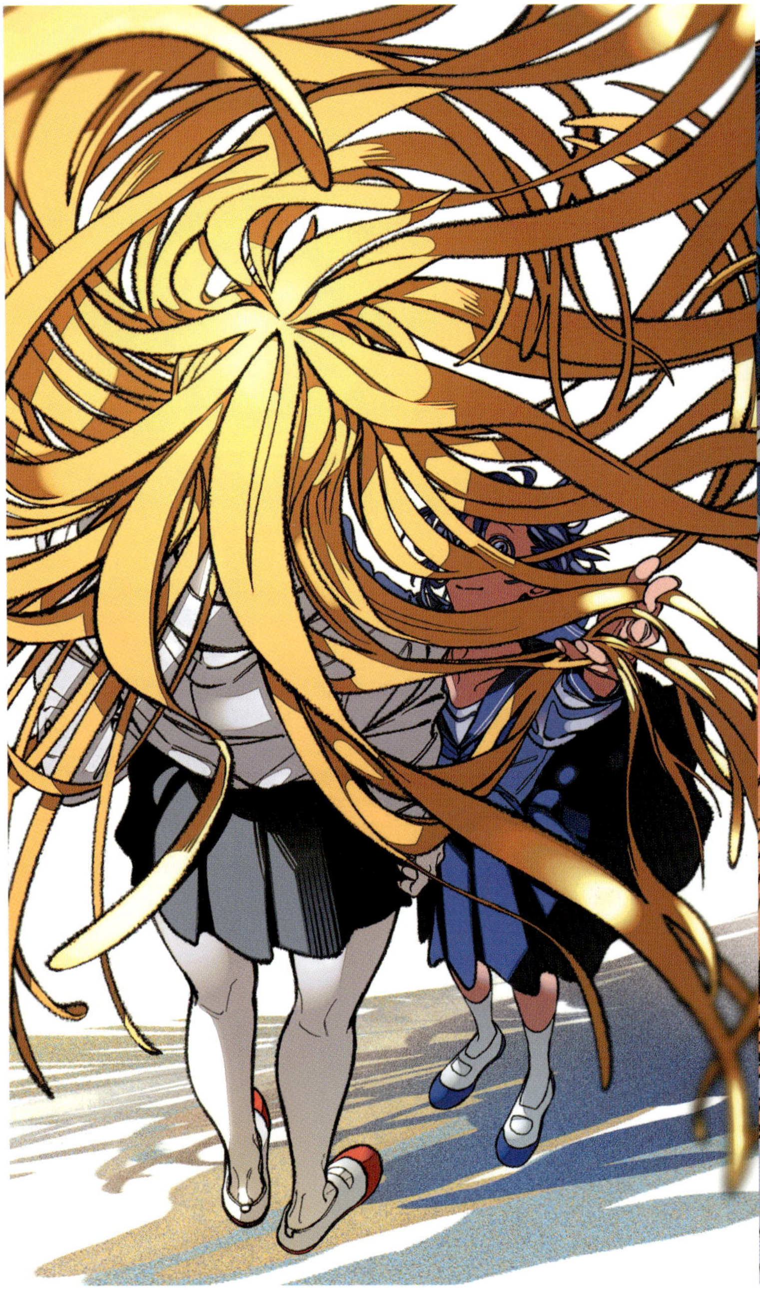

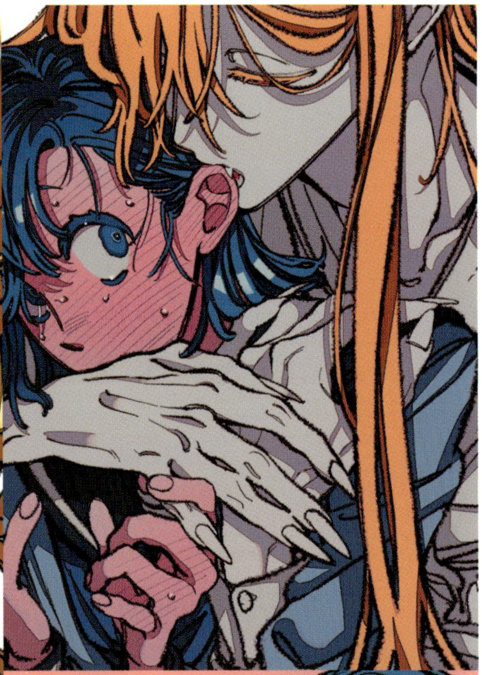

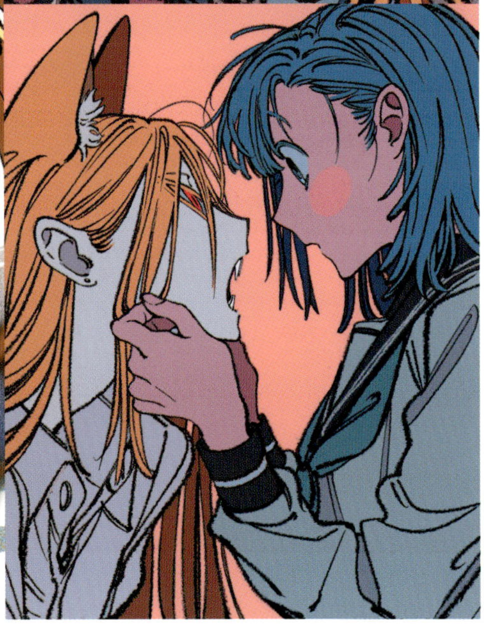

PROFILE 규슈에 거주하며, 일러스트를 그려 SNS에 올리고 있다. 영화를 좋아한다.

COMMENT 선의 흐름과 인물의 표정, 눈길을 끄는 구도를 통해, 인물 간의 분위기와 관계성이 느껴지는 그림을 목표로 합니다. 또 '머리카락'과 '손'을 그리는 데 애착이 있어 집념을 가지고 작업하고 있습니다. 그림을 본 사람이 순간적으로 아찔함을 느낄 수 있는 날카로운 그림을 그리는 것이 특기이며, 강한 콘트라스트의 색감도 특징 중 하나입니다. 향후에는 뮤직 동영상의 그림, 동영상의 섬네일 같은 작업을 해 보고 싶습니다.

1 2 3 4

1 『넘치다』 Personal Work / 2024 2 『먹다』 Personal Work / 2024 3 『야옹』 Personal Work / 2024 4 『피하다』 Personal Work / 2024

누노키소 NUNOKISO

23 m

X (Twitter)   NUNOKISO   Instagram   nunokiso3   URL   —
E-MAIL   nunokiso652@gmail.com
TOOL   CLIP STUDIO PAINT PRO / Procreate / iPad Pro

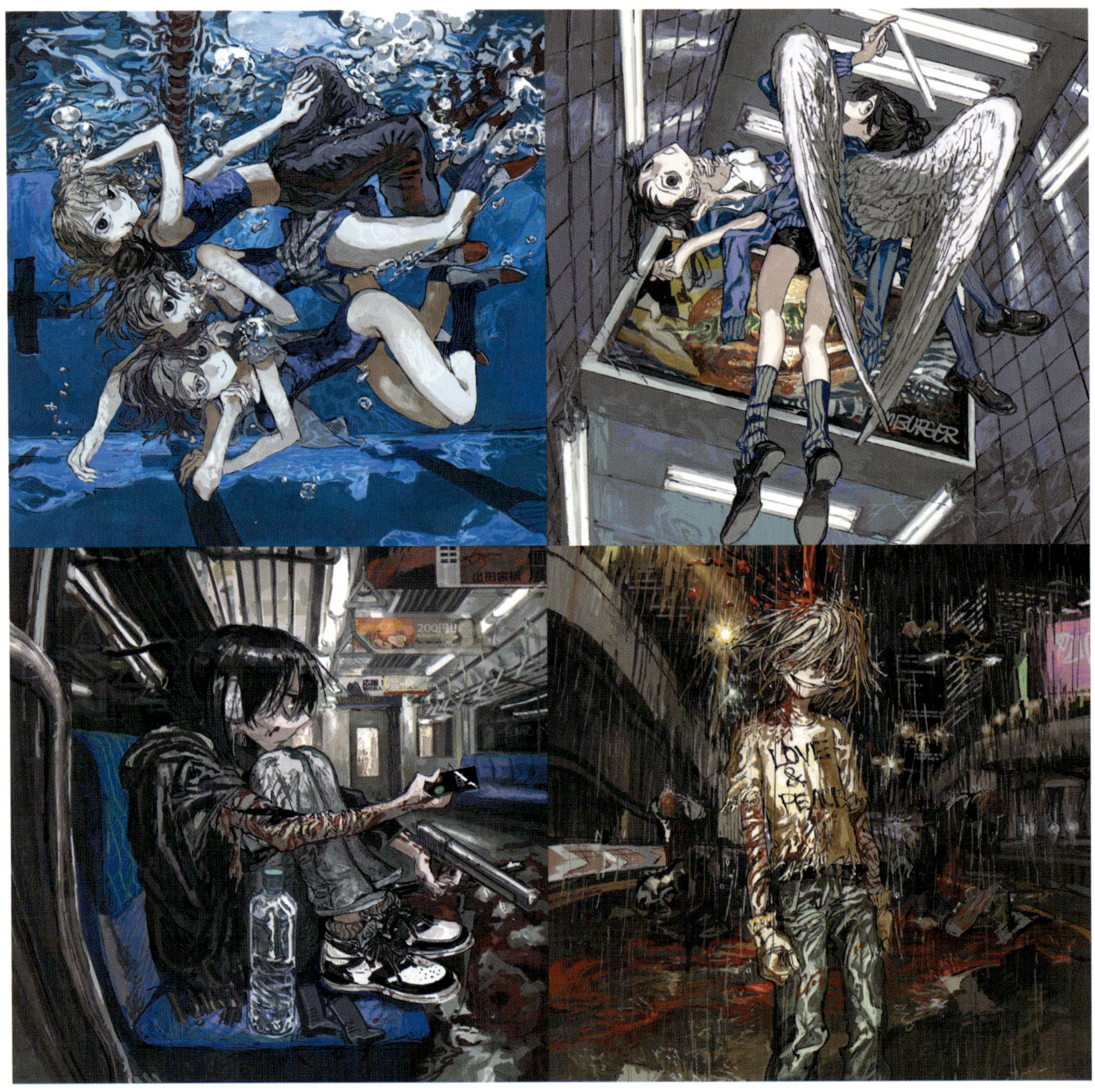

COMMENT
아동 소설의 삽화를 좋아해서 일러스트를 그리기 시작했습니다. '내가 좋아한다고 생각하는 것을 그린다'는 고집을 중요하게 생각하며, 일러스트를 그릴 때마다 매번 이 목표를 염두에 두고 작업합니다. 스타일상 어두운 그림이 많으며, 이것이 제 특기이기도 합니다. 펜네임은 다른 것과 겹치지 않는 한자 세 글자(布基楚, ぬのきそ)를 골랐는데, 글씨체가 마음에 들어서 결정했습니다. 향후에는 그림을 그리기 시작한 계기가 된 소설의 표지 일러스트와 삽화 작업을 하고 싶습니다. 개인 제작에서는 좋아하는 것을 계속 그려 나갈 수 있기를 바랍니다.

1 2
3 4   5

1 『수영장』 Personal Work / 2022   2 『천벌!』 Personal Work / 2022   3 『각오』 Personal Work / 2023   4 『오랜만』 Personal Work / 2023   5 『스크램블』 Personal Work / 2024

네기와사 NEGIWASA

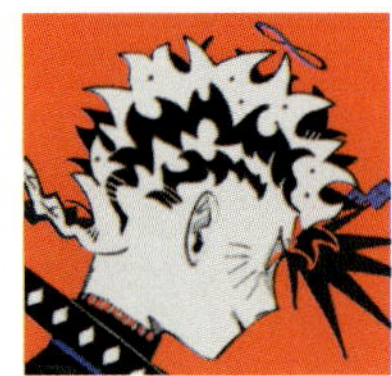

<u>X (Twitter)</u>	negiwasa555	<u>Instagram</u>	negiwasa555	<u>URL</u> —

<u>E-MAIL</u>   negiwasa0914@gmail.com

<u>TOOL</u>   CLIP STUDIO PAINT PRO / ibis Paint X / iPad Pro

<u>PROFILE</u>

오카야마현 출신으로, 2022년부터 SNS를 중심으로 활동한다. 하늘에서 내려온 수수께끼 같은 생명체 '미지의 아이'와 인간이 교류하는 가상의 세계를 창작하고 있다.

<u>COMMENT</u>

독자적인 세계관을 바탕으로 특징적인 기호, 선명하고 인상적인 배색 등 저만의 표현을 중요하게 생각합니다. 그림체는 텍스타일(직물 질감)의 영향을 강하게 받으며, 스타일은 자연과 생물, 특히 별과 불꽃을 모티브로 도입하는 경우가 많습니다. 보는 사람이 설렘을 느끼고, 어딘가 끌리는 세계관을 표현할 수 있으면 좋겠습니다. 향후에는 장르를 불문하고 저의 개성 있는 그림이 의미 있게 작용하는 작업을 할 수 있다면 정말 행복할 것입니다. 굿즈 제작에도 도전하고 싶습니다.

```
1   2
    3   4
```

1 『번쩍번쩍』 Personal Work / 2024   2 『만나고 싶어』 Personal Work / 2024   3 『데라키라 기모치』 Personal Work / 2024   4 『당신에게』 Personal Work / 2024

Nelnal

X (Twitter)   nelnalium   Instagram   nelnalium_nelnal   URL   nelnal.com
E-MAIL   nelnal-ml@3xer.co.jp
TOOL   Photoshop CC / Illustrator CC / CLIP STUDIO PAINT PRO / SAI / iPad Pro

PROFILE

카툰과 만화 스타일이 믹스된 코믹한 비인간 캐릭터 작품을 중심으로, 일본을 비롯한 해외에서도 일러스트, 캐릭터 디자인, 콘셉트 아트를 다양하게 다루고 있는 일러 스트레이터 겸 디자이너. 2D 일러스트뿐만 아니라, 소프트 비닐 피규어와 관련 굿즈, 캡슐 토이 같은 입체 작품도 활발하게 제작하고 있다.

COMMENT

유행에 휘둘리지 않고, 그리움과 새로움을 동시에 느낄 수 있는 작품을 그리는 데 강한 동경을 품고 있습니다. 원색과 검은색을 충분히 사용하여 화려하고 스타일리시한 느낌을 줄 수 있으면 좋겠다고 생각하며 작품을 제작하고 있습니다. 아이부터 어른까지 누가 봐도 쉽게 모티브를 이해할 수 있는 의인화를 소재로 한 작품과, 독자적인 시점에서 해석하고 표현을 즐길 수 있는 디자인이 목표입니다. 어른들이 보아도, 어렸을 때 느꼈던 설렘을 작품을 통해 조금이라도 공유할 수 있으면 좋겠다는 생각을 항상 하면서 작품을 제작합니다. 캐릭터 디자인은 귀엽지만 어딘가 독이 있는, 멋지지만 어딘가 빈틈이 있는 등 대비되는 요소가 공존하는 디자인을 목표로 하고 있습니다. 향후에는 관심이 높은 MV 관련 일이나 게임 캐릭터 디자인 등을 작업하고 싶습니다.

	2	
1		4
	3	

1 『Cat Town』 Personal Work / 2023   2 『Akabeko Girl』 Personal Work / 2024   3 『Sleep T-boy』 Personal Work / 2024   4 『MUTANT-FRIENDS』 Personal Work / 2024

NOMA

X (Twitter)　_NOMA_　　Instagram　noma.dic　　URL　www.youtube.com/@NOMA-
E-MAIL　nomadic0503@gmail.com
TOOL　아크릴 구아슈 / 수채화 물감 / 연필

PROFILE　한국에 거주하며 일러스트레이터로 활동하고 있다. 수채화, 아크릴 구아슈, 유채, 디지털 페인팅 등 다양한 기법을 사용하여 작품을 제작한다. 인스타그램과 유튜브 등 소셜 미디어에서도 인기가 높아 한국을 비롯해 대만, 홍콩, 중국, 일본 등 해외에서도 폭넓은 활동을 하고 있다.

COMMENT　그림을 그릴 때는 전체적인 분위기나 균형을 중요하게 생각합니다. 작품 속에 등장하는 다양한 존재들이 서로 조화를 이루도록 신경을 많이 쓰면서 작업하고 있습니다. 저마다 독립적인 스토리를 지닌 존재들이지만, 하나의 작품 안에서 흐름과 분위기가 완벽한 조화를 이루는 그림을 그리고자 합니다. 일상생활에서 받는 영감도 매우 중요하게 생각합니다. 한여름의 뜨거운 햇살을 가리는 나무 그늘을 보고, 그 아래서 잠들어 있는 아이를 상상하거나, 쌓인 책을 보고 다락방에서 책으로 둘러싸여 지내는 아이를 상상합니다. 향후에는 지금까지 사용해 보지 않았던 그림 재료와 소재로, 다양한 작품을 만들어가고 싶습니다.

1　2　3　4　　1『we can stay anywhere』Personal Work / 2023　2『gradually clear sky』Personal Work / 2024　3『Things that are always with me』Personal Work / 2023　4『with hope』Personal Work / 2024

노라리클라리넷 NORARIKLARINET

X (Twitter)	A3DYQTIPQJcuQvS	Instagram	norarikurarinoseimei	URL	potofu.me/nrrkrrnet

E-MAIL　　norainuhaikiteiku@gmail.com

TOOL　　ibis Paint X / Photoshop CC / Illustrator CC / iPad Pro / 연필 / 밀리펜 / 코픽

PROFILE

무사시노 미술대학 시각 전달 디자인학과를 졸업하고, 현재 캐릭터 굿즈 관련 일을 하며 소소하게 활동하고 있다. 내 창작의 원천은 오로지 초등학생 시절의 추억이다. 토요일 아침에 TV 만화 <단지 토모오(団地ともお)>를 본 후, 주니어 코러스(소년 소녀 합창단)에 연습하러 가서 술래잡기를 했던 기억이 있다. 종이접기로 만든 바지를 입고 피아노 학원에 갔던 기억도 있다.

COMMENT

'아동문학적인 일관성'을 유지하기 위해 상당히 신경 쓰고 있습니다. 가방에서 숲이 튀어나오든, 손가락이 잘려 냄비에 떨어지든, 대부분의 아동문학에서는 모든 것이 균일하고 담담하게 묘사됩니다. 언뜻 보면 이상하지만 이상하다고 치부하지 않는 일관성, 이 일관성 속에서 진리를 느끼는 순간이 있습니다. 바로 이러한 아동문학적인 일관성을 일러스트에 담아내고자 모색하고 있습니다. 그중 가장 강하게 영향을 받은 작품은 『주머니 속의 아기』입니다. 펜네임은 '노(の)'가 가장 귀여운 글자라고 생각해 '노(の)'로 시작하는 이름으로 짓게 되었습니다. 이것이 첫 번째 이유입니다. 그리고 <클라리넷이 망가졌어>라는 동요를 좋아하기 때문에 이 제목과 비슷한 이름으로 하고 싶었던 것이 두 번째 이유입니다.

```
  2
1    4
  3
```

1 『두근두근』과 '쉭쉭' Personal Work / 2024　2 『리빙룸』 Personal Work / 2024　3 『사람』 Personal Work / 2024　4 『프린시펄(principal)』 Personal Work / 2024

P1PE

X(Twitter)	P1PEGraphics
Instagram	p1pegraphics
URL	p1pegraphics.tumblr.com
E-MAIL	p1pegraphicss@gmail.com
TOOL	Illustrator CC / Blender / CLIP STUDIO PAINT EX / Cintiq 22

PROFILE   P1PE(파이프). 일러스트레이터 겸 애니메이션 작가이며, 다마 미술 대학 통합 디자인학과에 재적 중이다. 형태와 구조에 주목하여 일러스트와 MV 등을 제작하고 있다.

COMMENT   명쾌하면서도 의미를 알 수 없는 것을 좋아합니다. 재미와 놀라움을 전달할 수 있도록 작업하고 있으며, 단순한 색감과 형태로 복잡한 구조를 그리고 있습니다. 화면 전체에 정보를 담고 각 모티브를 데포르메하여 볼 만한 가치가 있는 작품을 만드는 것을 목표로 하고 있습니다. 또 선과 면의 균형을 항상 의식하며 작업하고 있습니다. 향후에는 CD 재킷이나 MV 제작 같은 작업에도 도전해 보고 싶고, 더 폭넓은 스타일을 탐색하며 독특한 작품을 만들어 가고 싶습니다.

1 『2024년 3월 17일』 Personal Work / 2024   2 『나선처럼 돌고 도는 아침』 Personal Work / 2024   3 『불가행력(不可幸力) / Vaundy covered by ReGLOSS』 MV 일러스트 / 2024 / holive DEV_IS   4 『인터넷을 헤엄쳐』 Commission Work / 2024 / muyu

sable BIOS memory options such as caching or shadowing.
NET SURFING
NET SURFING
NET SURFING
NET SURFING
pipe-kun
|д°)

Hagiko

Hagiko

X (Twitter) hagiko_98   Instagram hagiko.15   URL —
E-MAIL hagiko015@gmail.com
TOOL Procreate / ibis Paint X / iPad Pro

PROFILE 2022년경 활동을 시작했으며, 간사이를 중심으로 이벤트와 SNS 등에서 활동 중이다. 패션 감각이 뛰어나며, 허무하지만 아름다운 청년을 그린다.

COMMENT 중성적이고 아름다운 청년과 제가 사랑하는 패션이 만들어내는 세계관을 소중히 그려내고 있습니다. 거친 질감, 생동감 있는 눈매와 입이 특징입니다. 향후에는 화집과 음악 패키지 등 다양한 작업을 다뤄 보고 싶습니다.

	2	
1		4
	3	

1『리본』 Personal Work / 2024   2『푸른 장미 아래』 Personal Work / 2024   3『케이크』 Personal Work / 2024   4『Xanadu』 Personal Work / 2024

HASU

X (Twitter) Tako0980	**Instagram** hasu_tkhs	**URL** production-hasu.work

E-MAIL hasuland.lab@gmail.com

TOOL CLIP STUDIO PAINT PRO / Procreate / iPad Pro / Cintiq Pro 27

PROFILE
애니메이터 겸 일러스트레이터, 디렉터이며, 오리지널 애니메이션 『REIN』을 비롯해서 MV와 CM, 동영상용 일러스트 등 다양한 분야에서 폭넓게 활동하고 있다. 기존의 틀에 얽매이지 않는 독창적인 그림을 만드는 것이 특징이다. 주요 제작 MV로는 호쇼 마린의 『Ⅲ』, 『메구미의 사람 cover』, 『한밤중의 문 ~stay with me(cover)』, 시구레 우이(しぐれうい)의 『우이 밭의 파수꾼』 후렴구 애니메이션, Nornis의 『조하리』 감독 · 작화 · 캐릭터 디자인, 호시마치 스이세이(星街すいせい)의 『길동무(みちづれ)』 파트 애니메이션 연출 · 작화 담당 등이 있다.

COMMENT
평소 애니메이션을 제작하고 있기 때문에, 일러스트를 그릴 때도 금방이라도 움직일 것 같은 구도와 과하지 않은 정보량에 신경 쓰고 있습니다. 그림자를 너무 짙게 칠하지 않으면서, 하이라이트와 림 라이트(Rim Light)를 활용해 입체감과 투명감을 강조하기 위해 신경 쓰고 있습니다. 제 스타일은 정중앙에서 하이라이트가 되는 눈과 선명한 채색이 특징입니다. 펜네임은 모네의 회화와 연꽃을 좋아해, 진흙 속에서도 아름답게 피어나는 모습에 매력을 느껴 'HASU'(일어로 연꽃을 '하스(はす)'라고 함)라고 명명했습니다. 현재는 자체 제작 애니메이션 『REIN』의 중편 · 장편 기획서를 제작하고 있습니다. 영화와 애니메이션을 통해 치유 받으며 살아왔기 때문에, 애니메이션 영화 제작의 꿈을 키우며 노력하고 있습니다! 응원해주시면 감사하겠습니다!

1	2	
3	4	5

1 『Ⅲ / 호쇼 마린 & 고보 가나에루』 재킷 일러스트 / 디자인 : PUNCH / 2024 / 커버 ©2016 COVER Corp.　2 『REIN IN RED』 Personal Work / 2024　3 『잠에서 깨어 (자체 제작 애니메이션 『REIN』 티저 컷 (teaser cut))』 Personal Work / 2024　4 『담배 한 모금 (자체 제작 애니메이션 『REIN』 티저 컷)』 Personal Work / 2024　5 『미묘』 Personal Work / 2024

二年四組

PASS

X (Twitter)   brd_pass   Instagram   brd_pass   URL   passcloth.base.shop
E-MAIL   amz.0620@ezweb.ne.jp
TOOL   밀리펜 / 볼펜 / Photoshop CC

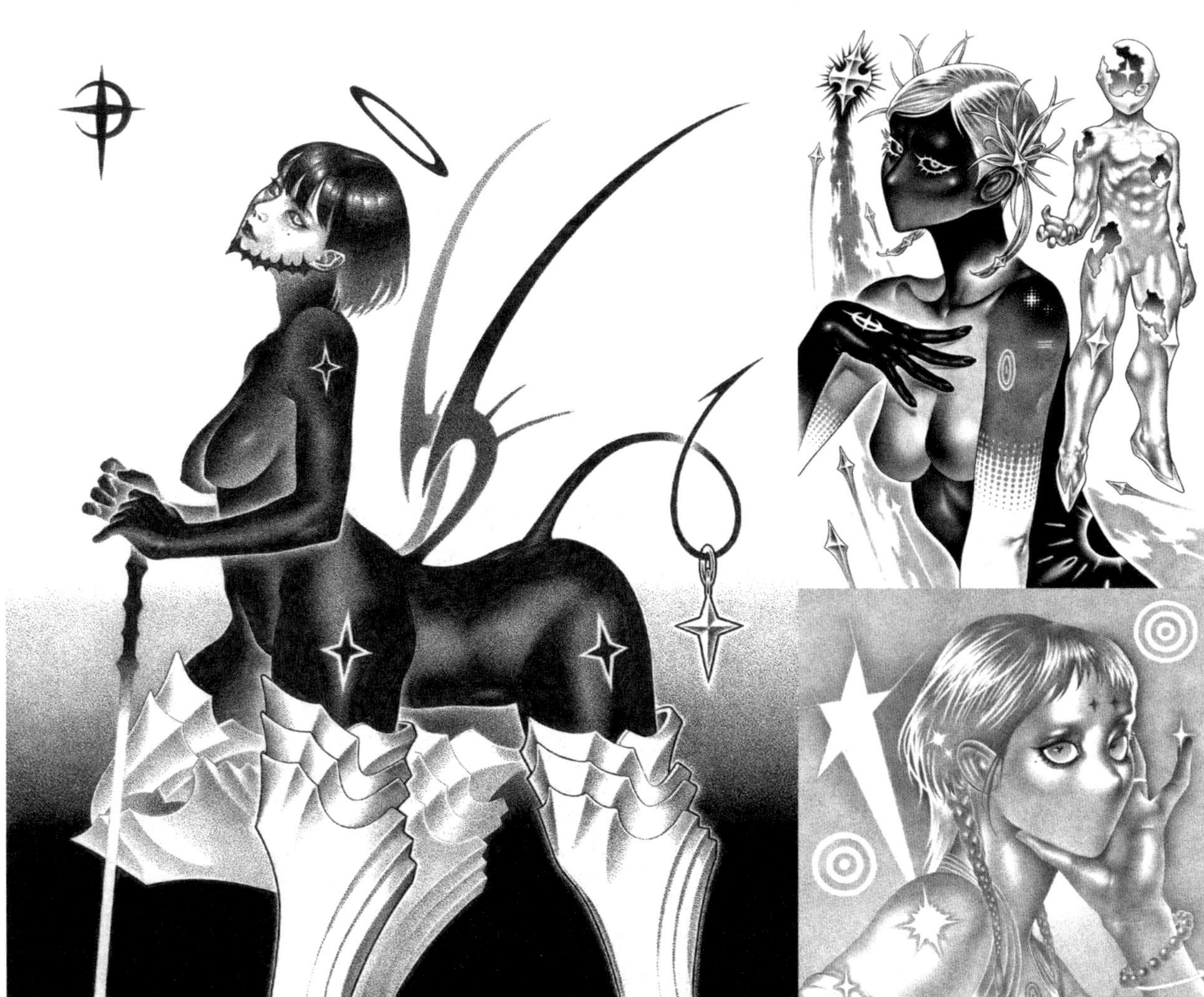

PROFILE   나가노현에 거주하는 일러스트레이터로, 미술 전문학교를 졸업한 뒤 직장생활을 거쳐 일러스트레이터로 활동을 시작했다. 의류 디자인, 굿즈 디자인, 타투 디자인 등 다양한 분야에서 활동 중이다.

COMMENT   어린 시절부터 만화를 그려 왔으며, 그 영향으로 흑백 일러스트 작품을 주로 그리고 있습니다. 특수 촬영 히어로와 괴인 디자인의 영향을 받았으며, 모티브의 초현실성과 솔리드한 질감, 인체의 곡선미를 중요하게 생각합니다. 제작 스타일은 기본적으로 펜 하나와 점묘법을 사용하여 작업하고 있습니다. 향후에는 책의 표지 일러스트, 영화 포스터, 캐릭터 디자인 작업에 도전해 보고 싶습니다.

1 『innocent』 Personal Work / 2024   2 『INVOKE』 Personal Work / 2024   3 『Jane Doe』 Personal Work / 2024   4 『Misery』 Personal Work / 2024

hachika

X (Twitter)   hachika_chan   Instagram   hachika_chan   URL   potofu.me/hachika-chan
E-MAIL   hahahachika@gmail.com
TOOL   Photoshop CC / Illustrator CC / After Effects CC / CLIP STUDIO PAINT PRO / iPad Pro

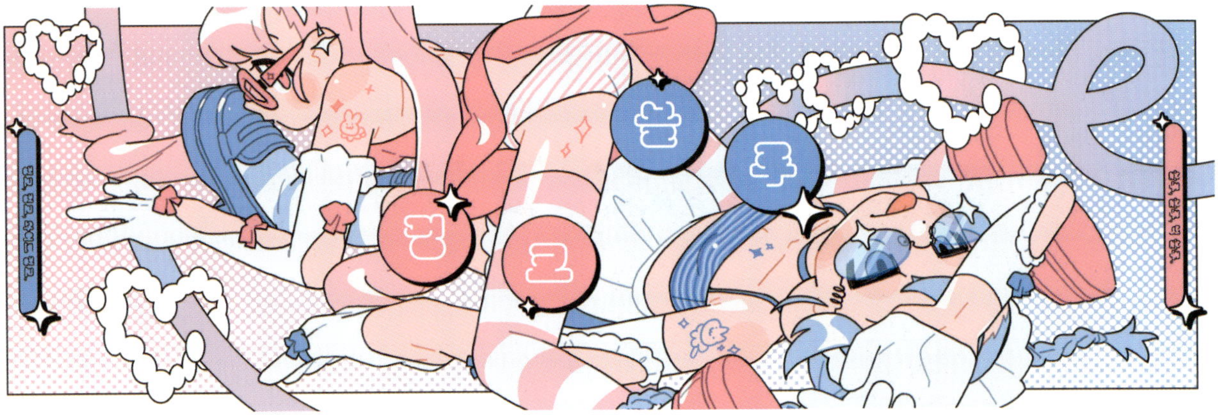

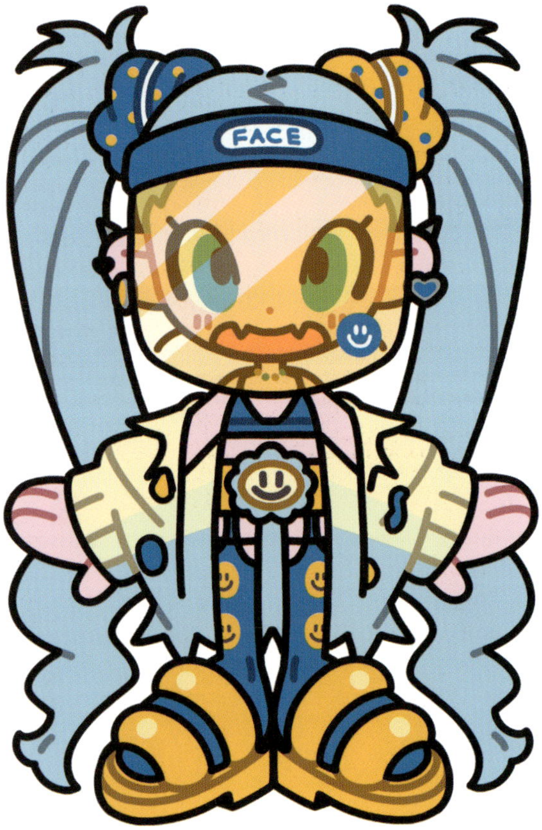

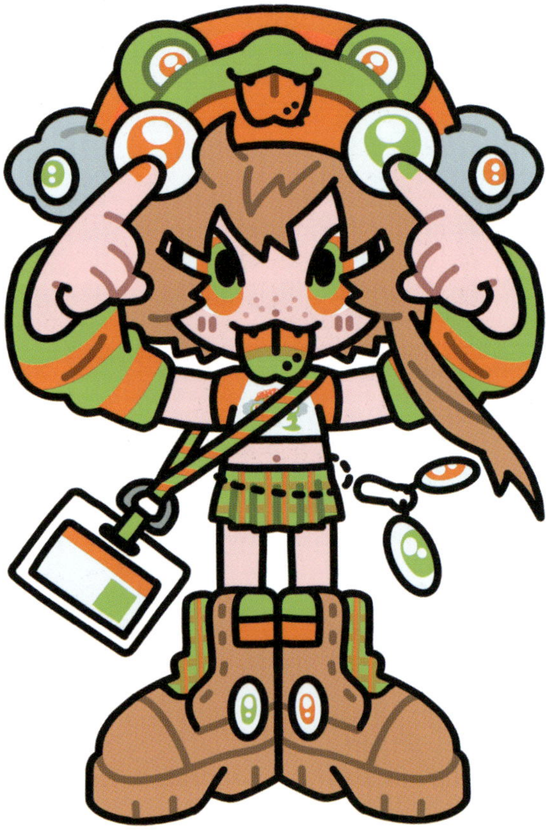

PROFILE   손으로 그린 그림과 키 프레임을 결합한 루프 애니메이션을 제작한다. 일러스트와 애니메이션을 비롯해, 그래픽 디자인, 봉제 인형 제작 등 폭넓은 분야에서 활동 중이다.

COMMENT   디자인에서 한 장의 이미지를 잠깐 보여주는 데 그치지 않고, 조금 더 오래 인상 깊게 남기기 위해 애니메이션을 많이 활용하고 있습니다. 애니메이션 샘플은 각종 SNS 에 공개하고 있으니 참고해 주시기 바랍니다. 뮤직 비디오나 동영상 관련 제작을 검토 중인 분이 있다면 개인이나 기업 관계없이 부담 없이 문의해 주시면 됩니다.

이제,
사랑하는 애견의 사진을 찍자.
kawaii!!
귀여워!!
now,
let's take a pic of your sweet dog.
BECAUSE...
· CUTE · SO PRETTY IT'S PAINFUL · IT'LL BE FOREVER.
inu! inu! inu!
SUPER INU SUPER INU
FOREVER / FRIENDS FOREVER
inu
BOW
WOW
LOVERY INU HAKU
@hachika_chan
240426_0506 LOVERY INU HAKU
+240426-0506+

하마 요시에　HAMA Yoshie

X (Twitter)　Hama_Yoshie　　Instagram　hm.yoshie　　URL　www.hamayoshie.com
E-MAIL　hamayoshie.design@gmail.com
TOOL　아크릴 구아슈

PROFILE　1990년생으로 오사카 출신이며 현재 후쿠오카현에 거주한다. 그래픽 디자이너로 활동한 후, 2020년경부터 일러스트레이션 작품 제작을 시작했다. HB 파일 경연대회 (HB FILE COMPETITION) 2023 스즈키 쿠미(鈴木 久美)상 대상을 수상했다.

COMMENT　디자인하는 마음으로 그림을 그리는 것을 중요하게 여기며, 평면적이고 정돈된 구도와 기분 좋은 색상과 형태를 고집하며 작업하고 있습니다. 동물이나 식물을 모티브로 그리는 것을 좋아하며, 조용하고 담담한 장면이나 사랑스러운 순간을 포착해 제가 이상적으로 생각하는 생활과 디자인하고 싶은 것들을 그림 속에 담고 있습니다. 향후에는 기회가 된다면 패브릭 작업에도 도전해 보고 싶습니다.

<table>
<tr><td>1</td><td rowspan="2">4</td></tr>
<tr><td>2　3</td></tr>
</table>

1 『스타 엘리먼트 (star element)』 문구 일러스트 / 2024 / HITOTOKI · 킹 짐(KING JIM)　2 『양말 디자인』 Personal Work / 2023　3 『세 마리의 파랑새』 문구 일러스트 / 2024 / HITOTOKI · 킹 짐　4 『ASSORTMENT』 Personal Work / 2023

BUTTER
SCOTCH
BUTTER
SCOTCH

히이로 HIIRO

X (Twitter)	hiiro753	Instagram	hiiro.753	URL ─

E-MAIL skrkwhr421@yahoo.co.jp

TOOL CLIP STUDIO PAINT PRO / iPad Pro / Intuos Pro / 투명 수채화 물감

PROFILE

오사카에 거주하는 일러스트 작가로, 옷과 액세서리 디자인을 생각하는 것을 좋아한다. 도쿄와 오사카에서 개인전을 개최하고, 이벤트나 전시 등에 참가해 직접 제작한 굿즈와 그림을 판매하고 있다.

COMMENT

『I ParadoX』라는 가상의 브랜드 아이템을 모델들이 착용하고 있다는 설정 하에, '반짝임과 모순, 그리고 기분 좋은 느낌'을 콘셉트로 그림을 그리고 있습니다. 스타일 면에서는 옷과 액세서리 디자인을 특기로 하며, 프레임과 바디 페인팅을 잘 그립니다. 모티브는 우연히 눈에 들어와 흥미를 끌었던 것들을 활용하기도 합니다. 최근에는 '점균(粘菌)'을 모티브로 한 크리처풍의 액세서리를 그려 보기도 했습니다. 펜네임은 2018년부터 2020년까지 투명 수채화를 중심으로 활동하면서, 채도가 높은 색을 주로 사용하는 특징에 착안해서 '색을 밝힌다(彩(いろ)を燈(とも)す)'라는 의미를 담아 '히이로(ひいろ, 燈彩)'로 명명했습니다. 향후에는 포장, CD 디자인, 패션 관련 작업에도 도전해 보고 싶습니다.

1	2	4
	3	

1 『I ParadoX 24 SS COLLECTION-TARO』 Personal Work / 2024 2 『I ParadoX 24 AW COLLECTION+RINTARO』 Personal Work / 2024 3 『I ParadoX 24 AW COLLECTION+UDUKI』 Personal Work / 2024 4 『I ParadoX 24 AW COLLECTION+KOKI』 Personal Work / 2024

Vandalize
KOKI TAKATSUKI
For his anger is but for a moment,
and his favor is for a lifetime.
may tarry for the night,
comes with the morning.
J ParaduX

히미쓰 HIMITSU

X (Twitter) iemaki   Instagram   himi_tsutsu   URL   www.foriio.com/himitsu
E-MAIL   sodapop.union@gmail.com
TOOL   Photoshop CC / CLIP STUDIO PAINT PRO / Cintiq Pro 16

PROFILE
효고 출신으로 도쿄에 거주하며, 오사카 예술대학 캐릭터 조형학과를 졸업했다. 그림을 그린 경력은 12년째이며, 일러스트레이터에서, 만화가, 동인 작가를 거쳐 2024년부터 레트로 일러스트레이터로 활동을 시작했다. 레트로 애니메이션풍의 그림에 헤이세이와 현대의 귀여운 모티브를 적용하는 작업을 즐긴다.

COMMENT
뉴 레트로와 한국 일러스트레이터들의 영향을 받아, 레트로 애니메이션풍과 Y2K 스타일의 일러스트를 그리기 시작했습니다. 순정 만화처럼 큰 눈과 볼록한 입술이 매력 포인트입니다. 주위의 평가나 유행보다, 그림에 '내가 좋아하는 것'을 가득 담아 먼저 내 마음을 채우는 것을 중요하게 여기며 제작하고 있습니다. 향후에는 음악, 출판, 광고, 식품, 의류, 굿즈 프로듀싱 등 다양한 분야에 걸쳐 '귀여운 것 만들기'에 도전하고 싶습니다. 또한 전직 만화가이지만, 향후에는 오리지널 스토리를 애니메이션이나 영상 작품으로 제작할 수 있도록 기술을 연마할 계획입니다.

1 『Sister Kiss』 Personal Work / 2024   2 『Angel & Demon』 Personal Work / 2024   3 『Happy Days』 Personal Work / 2024   4 『내가 여자아이가 아니라 해도』 Personal Work / 2024

후카 고바야시   Fuuka KOBAYASHI

X (Twitter) FuukaKobayashi   Instagram   fuuka_kobayashi   URL   fuuka-kobayashi.com

E-MAIL   kobayashiwhoka@gmail.com

TOOL   CLIP STUDIO PAINT EX / iPad Pro

PROFILE   분위기가 있고 상쾌한 일러스트레이션이 특기이며, 야마가타현 출신이다. 2019년경부터 SNS를 중심으로 활동하기 시작했다. 지금까지 Web 콘텐츠와 잡지 기사면의 메인 비주얼, 어린이책 삽화, PR 만화 등 다양한 일러스트레이션 작업을 진행해 왔다.

COMMENT   인물의 표정을 생생하게 전달하는 표현과, 작품 속의 기온과 계절, 습도와 온도 등을 오감으로 간접적으로 느낄 수 있는 분위기 연출을 목표로 하고 있습니다. 지금까지 와타세 세이조(渡瀬 政造, 만화가), 하야시 세이이치(林 静一, 일러스트레이터 겸 만화가), 무라카미 하루키로부터 영향을 받았습니다. 또, 고향이 시골이라 밤의 시원한 바람과 들불 냄새, 산기슭에 지는 석양 등 어린 시절에 보았던 풍경에서도 영향을 받았으리라 생각합니다. 그림의 스타일은 인물이나 상황 등을 명확하게 그리는 편이므로 비교적 구체성이 강한 작품이라고 생각합니다. 펜네임은 오노 요코처럼 하려고, 초기에 결정한 것을 그대로 사용하고 있습니다(오노 요코는 결혼 후에도 성과 이름의 순서를 바꾸지 않았다). 향후에는 장애 복지와 교육 분야를 비롯해, 마이너리티가 겪는 '살기 어려움'에 공감하고 지지하며 밝은 분위기를 담은 일러스트레이션을 전달해 나가고 싶습니다.

1	2
3	4

5

1『문득 떠오르는 섬유 유연제의 향기』 Personal Work / 2022   2『가을바람에 밀려 정오가 흘러가는 기다림』 Personal Work / 2021   2『새벽하늘에 흰 파도의 붓을 휘몰아쳐라』 Personal Work / 2022   4『야행버스를 기다리는 한 사람의 사연을 손에 들고』 Personal Work / 2021   5『시간이 아무리 지나도 잊을 수 없어』 Personal Work / 2021

후카지 히로마사 FUKAJI Hiromasa

X (Twitter)   fukajihiromasa   Instagram   hiromasafukaji   URL   www.digraph.jp
E-MAIL   Hello@digraph.jp
TOOL   Photoshop CC / Illustrator CC / 연필 / GRAPHTEC CE6000

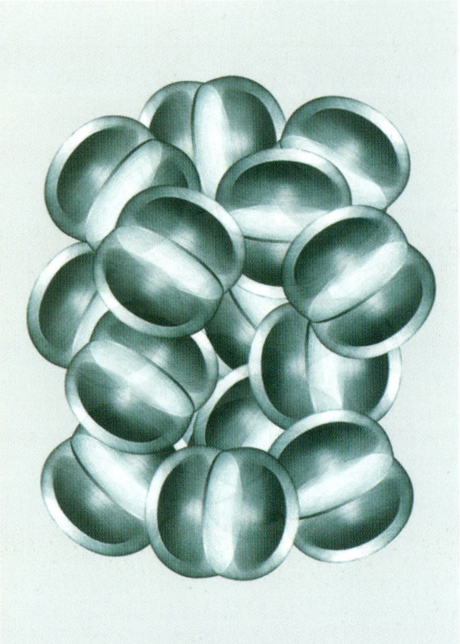

PROFILE   디자이너 겸 그래픽 리서처(시각 표현 연구자)로 활동 중이다. 플로터(plotter, 벡터 데이터를 변환·출력하는 기기)를 활용해서, 디지털과 실제의 경계에서 발생하는 우발적 표현을 만들어내는 '플로터 드로잉(Plotter Drawing)' 기법을 중심으로 새로운 그래픽 표현을 연구하고 있다. 칸 국제 광고제(Cannes Lions), 더 원 쇼(The One Show), 뉴욕 TDC상, D&AD 어워드 등에서 다수의 수상을 했다.

COMMENT   플로터라는 디지털 기기를 활용해서 그리는 특수한 기법이므로, 디지털과 아날로그 양쪽의 장점을 살리는 것을 중요하게 생각합니다. 작품은 디지털 표현다운 치밀함을 지니면서도, 필치와 종이의 감촉이 주는 소박함을 동시에 느낄 수 있는 것이 특징입니다. 추상적인 그래픽 모티브를 다루는 것이 강점입니다. 종이책을 좋아하므로, 향후에는 책의 표지 일러스트와 삽화에도 도전해 보고 싶습니다.

1 『by machine & human series』 Personal Work / 2021   2 『by machine & human series』 Personal Work / 2021   3 『by machine & human series』 Personal Work / 2021   4 『by machine & human series』 Personal Work / 2021

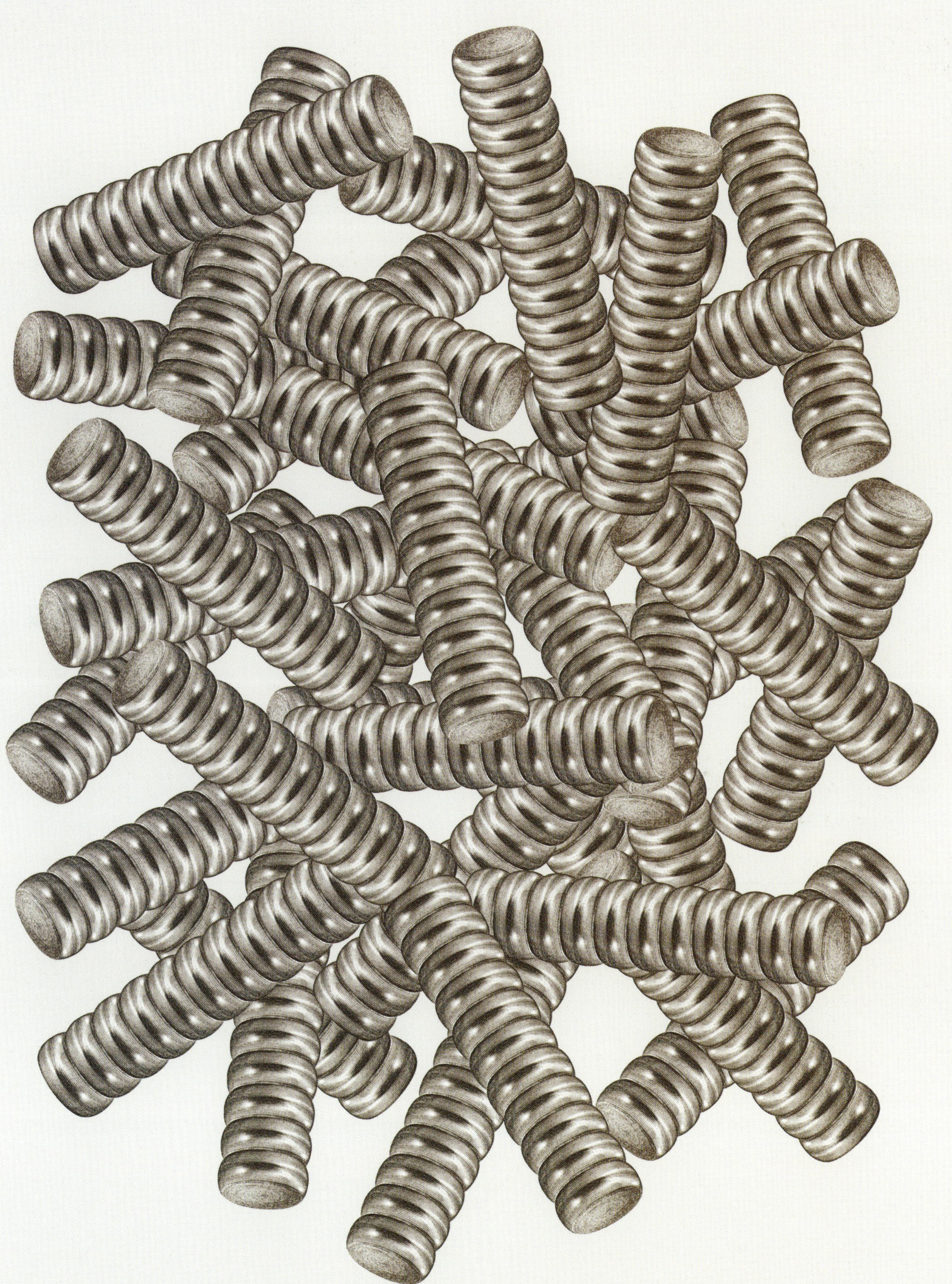

FUCA FUCA WHO

X (Twitter)　　fucafucawho　　Instagram　　fucafucawho　　URL　　fucafucawho.base.shop
E-MAIL　　fucafucawho@gmail.com
TOOL　　Photoshop CC / CLIP STUDIO PAINT PRO / iPad Pro

PROFILE　　FUCA FUCA WHO(푸카 푸카 후). 일러스트레이터 겸 디자이너로 활동하고 있다. 있을지도 모르는 마을과 사람, 사물을 소개하는 잡지 형식의 ZINE 을 제작한다.

COMMENT　　일러스트에 등장하는 사물이나 생물이 어디에서 왔고, 무엇을 생각하며, 어떻게 움직이는지를 세밀하게 고민하며 작업합니다. 가공의 도구를 이용해서 그릴 경우에는, 도구가 개발된 이유와 사용법 등을 상상하면서 작업합니다. 있을 수 없는 것을 있는 것처럼 그리고 싶습니다. 향후에는 표지 일러스트와 악곡의 아트 워크 등 누군가의 이야기를 형태로 만드는 일을 해 보고 싶습니다.

1	2
3	4

5

1 『별의 벼룩시장』 Personal Work / 2023　2 『꿈의 여행지』 Personal Work / 2023　3 『여행 계획』 Personal Work / 2023　4 『골렘의 친구』 Personal Work / 2024　5 『은하열차의 창가』 Personal Work / 2023

FUKUSAWA Ryo

후쿠사와 료 FUKUSAWA Ryo

X (Twitter)   ryo_fukusawa   Instagram   ryo.fukusawa   URL   ryo-fukusawa.com
E-MAIL   info@ryo-fukusawa.com
TOOL   Photoshop CC / Procreate / iPad Pro

PROFILE
프리랜서 일러스트레이터 겸 디자이너로 활동 중이다. 전람회 작품 전시와 오리지널 ZINE 제작을 통해 이너 월드를 그리는 것을 중심으로, 잡지와 서적, Web 등 다양한 매체에서 일러스트레이션 작업을 하고 있다. 공익 사단법인 일본 그래픽 디자인 협회 정회원이며, 고양이파, 강파, 소금파다.

COMMENT
유년기에 카툰 작품에 푹 빠졌던 것이 계기가 되어, 유머러스하고 귀여운 스타일을 목표로 작업하고 있습니다. 크리처를 그릴 때, 뭔가 인간적인 온기가 느껴지도록 그립니다, 귀여우면서도 어딘가 슬픔이 배어 있는 것을 테마로, 스토리가 느껴지는 일러스트레이션을 지향하고 있습니다. 누군가의 기분을 조금이라도 좋게 만들어 줄 수 있는 일러스트레이션을 목표로 합니다. 향후에는 음식 관련 기업과의 협업이나 상품 브랜딩 작업에 참여할 수 있기를 희망합니다.

```
1    2
     3    4
```

1 『노동과 도망』 Personal Work / 2024   2 『책벌레』 Personal Work / 2024   3 『마가 깃든, 두 사람』 Personal Work / 2024   4 『IN THE ROM.』 Personal Work / 2024

후지모토 다쿠미 FUJIMOTO Takumi

X (Twitter) namakoseijin   Instagram namakoseijin   URL fujimototakumi.com
E-MAIL fuji.illustration@gmail.com
TOOL 안채

PROFILE 1997년생으로, 도쿄 공예대학 예술학부 디자인학과를 졸업한 후, 일러스트레이터로 활동 중이다. 안채를 활용하여 화려한 표현을 통해 서적의 표지 일러스트, 삽화,
이벤트 비주얼 등을 다루고 있다. TIS 회원이다.

COMMENT 골동품과 공예품을 좋아하며, 그릇을 모티브로 삼는 경우가 많습니다. 제가 그림 재료로 사용하는 안채의 특성을 살려 그릇에 반사되는 부드러운 빛을 표현합니다. 골
동품처럼 오래된 물건을 그릴 때, 차가운 분위기나 쓸쓸함이 느껴지지 않도록 의식적으로 따뜻함을 표현하고 있습니다. 향후에는 계속해서 도예에 관심을 가지고, 직접
디자인한 그릇을 만들어 실제로 만져 보고 싶습니다.

<table>
<tr><td>1</td><td>2</td><td rowspan="2">5</td></tr>
<tr><td>3</td><td>4</td></tr>
</table>

1 『호랑이가 있는 계곡』 Personal Work / 2023   2 『전승』 Personal Work / 2024   3 『매화나무에서 우는 휘파람새』 Personal Work / 2023   4 『밤하늘을 여행하다』 Personal
Work / 2024   5 『지옥편』 Personal Work / 2023

후치 FUCHI

X (Twitter) fuchi_219   Instagram   fuchi_219   URL   —
E-MAIL   fuchi0219@gmail.com
TOOL   Photoshop CC / Procreate / iPad Air

PROFILE   후쿠오카현에 거주하며, Web 디자이너를 거쳐 프리랜서 일러스트레이터로 활동을 시작했다. 광고, 포장, 잡지, 서적 등 다양한 매체에서 활동하고 있으며, 패셔너블한 인물 일러스트를 중심으로 작업하고 있다.

COMMENT   무표정한 인물을 그리는 경우가 많아, 곡선이나 둥근 실루엣을 사용하여 냉담한 인상이 되지 않도록 균형을 맞추고 있습니다. 스타일은 패션 일러스트가 특기입니다. 천의 질감과 주름을 이차원적으로 잘 살려, 일러스트레이션만이 표현할 수 있는 옷의 매력을 그리고 싶습니다. 향후에는 패션 잡지에서 일하는 것이 오래전부터의 꿈입니다. 언젠가 일러스트로 연재할 수 있도록 노력하겠습니다.

1 2
3   4

1 『동화 캐릭터별 패션 진단 가이드』 팸플릿 / 2024 / 펠리시모(FELISSIMO)   2 『BLACK』 Personal Work / 2024   3 『동화 캐릭터별 패션 진단 가이드』 팸플릿 / 2024 / 펠리시모
4 『동화 캐릭터별 패션 진단 가이드』 팸플릿 / 2024 / 펠리시모

bubi 라쿠가키 BUBI RAKUGAKI

X(Twitter)　bubi3535　　Instagram　b_u_b_i_35　　URL　—
E-MAIL　tenkara.asuke@gmail.com
TOOL　Procreate / iPad Air

PROFILE

2021년부터 Instagram 상에서 활동을 시작했다. WEGO 방과후 아트부 제7회 SNS 아트 콘테스트에서 나쓰메란(夏目らん)상을 수상했으며, 제8회 SNS 아트 콘테스트에서는 GRAPEBRAIN상을 수상했다. 2023년에 미노카모(美濃加茂) FLAT Gallery 에서, 2024년 8월에는 라포레 하라주쿠(laforre 原宿) B0.5F+DA.YO.NE 부스에서 개인전을 개최했다.

COMMENT

원래 만화가가 되고 싶어서 그림을 그리던 초등학생이었습니다. 처음에는 여자아이를 그리는 것이 서툴렀지만, 연습을 거듭하다 보니 여자아이만 그리게 되었고, 대학 졸업 작품에서 현재 그리고 있는 '모호한 소녀'의 원형이 만들어졌습니다. '여자에게서 본 귀여움'을 목표로 하여, 친근하고 가벼운 아트를 중심으로 작업하고 있습니다. 스타일의 특징은 '쇼와 시대의 그리운 만화 속 여자아이'를 이미지화하는 것입니다. 펜네임은 학생 시절의 제 별명(らくがき, 낙서)을 가져왔습니다. 향후에는 제 작품을 바탕으로 작업을 하고 싶습니다.

<table>
<tr><td></td><td>2</td><td></td></tr>
<tr><td>1</td><td></td><td>4</td></tr>
<tr><td></td><td>3</td><td></td></tr>
</table>

1 『들려요?』 Personal Work / 2024　2 『토끼는 알고 있다』 Personal Work / 2024　3 『부풀어오르는 하트』 Personal Work / 2024　4 『토끼 조심』 Personal Work / 2024

BLUE

X (Twitter) gaooooohh   Instagram blue_rhythm   URL —
E-MAIL blue269206@gmail.com
TOOL Procreate / CLIP STUDIO PAINT EX / iPad Pro

PROFILE 홋카이도에 거주하며, 제작한 일러스트를 SNS에 공개하고 있다.

COMMENT 개별 모티브는 평면적으로 구성하되, 구도와 색을 통해 깊이와 분위기가 느껴지도록 신경을 쓰면서 제작하고 있습니다. 색채는 전체적인 균형을 중요시하고, 선은 섬세하게 묘사하는 데 주의를 기울입니다. 차분한 색감과 통일감 있는 화면이 제 일러스트의 특징입니다. 스타일은 우키요에의 색채와 구도에서 영향을 받았으며, 펜네임은 우키요에에서 연상되는 이미지를 좋아해서 만든 것입니다. 서적이나 광고 업무에 종사하는 것이 앞으로의 목표입니다.

1	2 3	4

1 『무제』 Personal Work / 2024   2 『무제』 Personal Work / 2024   3 『무제』 Personal Work / 2024   4 『무제』 Personal Work / 2024

Heikala

X (Twitter)   heikala_art   Instagram   heikala   URL   www.heikala.com
E-MAIL   heikala.jp@heikala.com
TOOL   연필 / 색연필 / 수채화 물감 / 컬러 잉크

PROFILE   핀란드 출신의 아티스트로, 현재는 도쿄에 거주한다. '향수가 느껴지는 판타지'를 주제로 한 그림 그리기를 좋아한다.

COMMENT   작품 속에 이야기를 담아, 감상하는 사람이 스토리를 상상할 수 있도록 하는 것을 중요하게 생각하며 작업합니다. 자연의 풍경이나 동물과 어울리는 캐릭터를 그리는 것을 좋아합니다. 색채나 구도를 통해 그림의 세계관을 강하게 표현하는 데 신경 쓰고 있습니다. 또한, 고향인 핀란드의 문화와 자연에 대한 향수와, 일본의 문화 및 현재 환경에 대한 친밀감을 결합하여, 두 나라에서 받은 영감을 그림으로 표현하고 있습니다. 그들이 어떻게 살고, 어떤 일상을 보내며, 주위 환경과 어떤 관계를 맺고 있는지를 그리는 것이 제 일러스트의 특징이라고 생각합니다. 향후에는 더 재미있는 구도로 테크닉을 연마해서, 감정과 움직임이 담긴 캐릭터를 그릴 수 있기를 바랍니다.

1	
2	3	4

1 『Crow's Nest』 Personal Work / 2024   2 『Furin』 Personal Work / 2024   3 『Beginning』 Personal Work / 2024   4 『Visiting Artist』 COMITIA147 공지 일러스트 / 2023 / 코미티아(comitia) 실행위원회

베시 BESHI

| X (Twitter) | 996beshi | Instagram | — | URL | beshinoe.tumblr.com |

E-MAIL　　beshi996e@gmail.com
TOOL　　Procreate / iPad Pro

PROFILE　　니가타 출신이며, 취미로 그림을 그리고 있는 회사원이다.

COMMENT　　그림을 놀이처럼, 또 수행처럼 여기며 그리고 있습니다. 눈앞의 일을 솔직하게 마주하는 것은 어렸을 때가 더 능숙했다고 생각해, 과거의 기억과 감각을 더듬으며 그리는 경우가 많아졌습니다. 향후에는 일단 원점 회귀를 목표로 하고 있으며, 그 과정에서 나를 새롭게 조합해 나가다 보면 어떤 그림을 그리게 될지에 대한 궁금증이 동기 부여가 되고 있습니다.

```
    2
1       4
    3
```

1 『무제』 Personal Work / 2024　2 『무제』 Personal Work / 2024　3 『무제』 Personal Work / 2024　4 『무제』 Personal Work / 2024

Hosio Hirotta

X (Twitter)   N20drawing   Instagram   —   URL   potofu.me/hosiohirotta
E-MAIL   hosiohirotta@gmail.com
TOOL   밀리펜 / Illustrator CC

PROFILE   어느 날 인터넷에서 'Hosio Hirotta'라는 이름의 아티스트 작품이 해외에서 확산되고 있는 것이 눈에 띄었다. '어떻게 된 일이지?'라는 생각에 조사해 보니, 그것은 틀림없이 내 작품이었다. 아마 메일 주소 'hosiohirotta(星を拾った, 별을 주웠다)'가 다른 언어권 사람들에게 인명으로 인식된 것 같았다. 닉네임은 '니코(ニコ)', 본명은 '고노미(このみ)'이며, 주로 펜화를 활용한 일러스트를 그리고 있다.

COMMENT   동물들이 살아가는 세계를 그리고 있습니다. 일러스트의 대부분은 종이에 밀리펜으로 선화를 그린 후, Illustrator CC로 채색합니다. 선화 단계에서 납득할 때까지 그려 넣되, 어깨에 힘을 뺀 여유로운 모티브를 활용하기 위해 신경 쓰고 있습니다. 향후에는 지금까지와 마찬가지로 꾸준히 그림을 그려나갈 생각입니다. 그런 과정에서 제가 참여할 수 있는 일이 있다면 해 나가고 싶습니다.

1	2	
3	4	5

1 『은행나무 가로수 길의 버스정류장』 Personal Work / 2023   2 『고양이의 날』 Personal Work / 2024   3 『귤나무가 있는 작은 길』 Personal Work / 2024   4 『찻집의 창가』 Personal Work / 2024   5 『오늘의 팬케이크』 Personal Work / 2024

호타텐시 HOTATENSHI

X (Twitter)	hotatenshi333	Instagram hotatenshi333　URL　hotatenshi.myportfolio.com
E-MAIL	hotahotatenshi@gmail.com	
TOOL	Procreate / Photoshop CC / iPad Pro / Cintiq 16	

PROFILE　도야마현 출신으로, 덧없는 일상을 테마로 그림을 그리고 있다.

COMMENT　분위기를 중요하게 생각합니다. 냄새와 습도가 느껴지는 듯한, 그림처럼 깊이 있는 일러스트를 목표로 그리고 있습니다. 우울한 표정과 어두운 분위기가 제 그림 스타일의 특징입니다. 향후에는 아날로그 작품도 제작하고 싶으며, 서적의 표지 일러스트 작업에도 도전해 보고 싶습니다.

1	2	
3	4	5

1 『평소와 같은 아침』 Personal Work / 2023　2 『페도서관』 Personal Work / 2023　3 『멀리 있는 거리』 Personal Work / 2023　4 『너를 데리고』 Personal Work / 2024
5 『채워지지 않은 채로』 Personal Work / 2023

BOMHAT

X (Twitter) BOMHAT   Instagram mrhotcakes   URL   pixiv.net/users/4422668
E-MAIL   bomhat@outlook.com
TOOL   CLIP STUDIO PAINT EX / iPad Pro

PROFILE   일러스트레이터 겸 만화가로 활동하고 있다. 월간 애프터눈에서 『쿼츠의 왕국 (A Kingdom of Quartz)』을 연재하며 꾸준히 작업을 하고 있다.

COMMENT   '신체'를 그리는 것을 좋아하며, 특히 형태의 부드러움을 의식하며 그리고 있습니다. 해부학적인 정확성에 지나치게 집착하기보다는, 제가 매력적이라고 느끼는 균형미를 기준으로 그리는 경우가 많습니다. 예를 들어, 다리를 과장되게 길게 그립니다. 저에게 중요한 것은, 제가 그린 몸이 만져보고 싶어질 정도로 부드러운가 하는 점입니다. 스타일에 있어서는 특정 장르에 구애받지 않지만, 요즘에는 패션과 관련된 작업을 즐겨 그리고 있습니다. 특히 Y2K(2000년대 초)와 발레리나 스타일에 영감을 받은 걸리 스타일(girly style, 귀여움과 소녀다움을 강조하는 스타일)이 많으며 핑크와 리본, 레이스 같은 요소를 많이 사용합니다. 향후에는 더 나은 작가가 되기 위해 노력하여 현재의 형식적인 껍데기를 깨고 싶습니다. 저 자신에게는 진실하며, 독자에게는 흥미로운 스토리를 만들고 싶습니다.

	2	
1		4
	3	

1 『Coquettegirl2』 Personal Work / 2024   2 『Coquettegirl3』 Personal Work / 2024   3 『Balletgirl2』 Personal Work / 2024   4 『Coquettegirl』 Personal Work / 2024

MAABO

마아보 MAABO

X(Twitter) tofumaabo   Instagram tofumaabo   URL macobokkuri48.wixsite.com/tofumaabo
E-MAIL maabo10fu@gmail.com
TOOL CLIP STUDIO PAINT PRO / Cintiq 16

PROFILE 홋카이도 태생으로, 어딘가에 있을지도 모르는 세상의 작지만 소중한 순간들을 그리고 있다.

COMMENT 스토리가 전달되는 그림, 우연한 일상의 한 컷을 그리는 것을 좋아합니다. 어렸을 때부터 아메리칸 컨트리를 좋아한 영향으로 컨트리풍 가구나 소품을 그림에 자주 활용하고 있습니다. 선화를 그릴 때는 아름답고 부드러운 선을 그리기 위해 노력하고 있습니다. 형태는 둥글고 두껍게 그려 데포르메를 강하게 하되, 채색은 비교적 사실적으로 하여 빛과 분위기를 중요하게 생각하며 그립니다. 꿈은 어린이책의 표지 일러스트를 그리는 것입니다. 제 그림이 표지로 된 책을 서점에서 보는 날이 오기를 기대합니다.

```
  2
1    4
  3
```

1 『가을의 숲』 Personal Work / 2023 2 『뒷골목』 Personal Work / 2023 3 『유령 카페』 Personal Work / 2023 4 『과자 만들기』 Personal Work / 2023

마키가이 MAKIGAI

X(Twitter) kita_kai_   Instagram makiga.11.5   URL —
E-MAIL yangxiangy14@gmail.com
TOOL 볼펜 / 아크릴 구아슈 / 수채화 물감 / CLIP STUDIO PAINT PRO / iPad Pro

PROFILE   볼펜을 주로 사용하는 일러스트레이터로, 추상적인 자연과 캐릭터를 결합한 그림을 좋아한다.

COMMENT   볼펜을 주로 사용하는 아날로그 원화를 바탕으로, 디지털 작업을 결합한 작품을 제작하고 있습니다. 추상적인 자연을 표현하거나, 자연과의 결합을 모티브로 한 캐릭터를 그리는 것이 특기입니다. 펜네임은 옛날에 기르던 애묘의 이름인 '가이군('가이'는 '조개')'에서 가져왔습니다. 이 이름을 영원히 잊고 싶지 않아 애묘의 이름을 따서 활동하고 싶어서 '마키가이(고둥)'라는 펜네임을 사용하게 되었습니다. 향후에는 MV, 재킷, 표지 일러스트, CM 등 다양한 분야에서 활동하고 싶습니다.

	2	4
1	3	5

1 『갈채를』 R11R×이케부쿠로(池袋) PARCO SPECIAL EXHIBITION "Emotions 2024" 전시 작품 / 2024 / R11R   2 『봄비』 Personal Work / 2024   3 『첫 단풍』 Personal Work / 2024   4 『한여름』 Personal Work / 2024   5 『흐드러지게 피다』 "역경 걸!" 전시 작품 / 2024 / ACG

結ばれますように

MASO

마소 MASO

X (Twitter) http_maso   Instagram http_maso   URL yumemirumaso.com
E-MAIL maso@yumemirumaso.com
TOOL Fresco / iPad Air

PROFILE 오사카 출신의 일러스트레이터 겸 디자이너다. 상냥해지고 싶다는 꿈을 꾸는 '유메 미루 우사짱(ゆめみるうさちゃん)'. 일상 속의 평온한 가운데서 곁을 지켜주는 우사짱과 인형 구마짱의 일러스트를 그리고 있다.

COMMENT 일러스트를 그리게 되는 동기는 충동적인 감정, 전하고 싶은 메시지, 혹은 단순한 영감 등 그때마다 다르지만, 그 근본에는 자신의 생각을 누군가와 공유하고 싶은 마음이 있습니다. 그림을 보는 사람마다 받아들이는 방식이 다르지만, 비록 제가 의도한 바와 다르다고 해도 그림과 보는 사람 사이에 접점이 있다면 좋겠습니다. 그림 속에 등장하는 흰 토끼 모티브는 수업 중 인쇄물 한쪽 구석에 그린 낙서에서 비롯된 것으로, 제 그림 중에 가장 자연스럽게 나온 모티브입니다. 펜네임은 고등학생 때 친구가 불러주던 별명에서 따온 것입니다. 향후에는 디지털 아트에서 벗어나 인형이나 피규어 같은 입체물을 제작해 보고 싶습니다. 또, 우사짱의 제작 활동은 계속 이어가고 싶습니다.

1 『주말의 바닐라 초코 선데이』 Personal Work / 2024   2 『have a nice day』 Personal Work / 2024   3 『푸딩과 쿠키』 Personal Work / 2024   4 『사이좋은 과일 샌드위치』 Personal Work / 2024

フルーツ

마치다 다케루 MACHIDA Takeru

X (Twitter) — Instagram takerumachida URL www.takerumachida.com
E-MAIL takerumachida.tm@gmail.com
TOOL Illustrator CS6 / Photoshop CS6 / Procreate / iPad Pro

PROFILE 시즈오카현 태생으로, 어린 시절을 미국에서 보냈다. 일본과 유럽의 다양한 팝, 스트리트 패션, 서브컬처에서 많은 영향을 받으며 자랐다. 대학에서 비주얼커뮤니케이션 디자인을 전공하고, 여러 디자인 사무소를 거쳐 일러스트레이터 겸 디자이너로 독립했다. '뭔가 하고 싶은 말이 있는 눈'을 그린 특징적인 일러스트가 트레이드마크다.

COMMENT 그림 자체로도 의미를 두고 있으며, 그래픽 디자이너로서 문자 정보나 다른 요소와 결합할 때 느껴지는 좋은 기분도 중요하게 생각합니다. 스타일로는 눈이 특징이며, 저는 '뭔가 하고 싶은 말이 있는 눈'이라고 생각하며 제작하고 있습니다. 향후에는 영화와 게임, 애니메이션 등 팝 컬처를 특히 좋아하기 때문에, 그와 관련된 일을 더 많이 할 수 있기를 바랍니다. 또, 제가 직접 인터뷰지를 제작하고 있어, 그 과정에서 새로운 만남을 통해 저의 세계가 더욱 넓어지기를 기대하고 있습니다.

1	2
3	4

5

1 『POP ALONE -MIRROR-』 Personal Work / 2022　2 『POP ALONE -BATH-』 Personal Work / 2022　3 『POP ALONE -DRIVE-』 Personal Work / 2022　4 『POP ALONE
-CROSSWALK-』 Personal Work / 2022　5 『POP ALONE -STAIR-』 Personal Work / 2022

마치다 멜로메 MACHIDA Melome

X (Twitter) qumolilon   Instagram qumolilon   URL qumolilon.jimdofree.com
E-MAIL fly.me.to.the.qumolilon@gmail.com
TOOL Photoshop CC / Cintiq 16

こんにちは

만화가 겸 일러스트레이터로 활동 중이며, MUSIC ILLUSTRATION AWARDS 2016 에 노미네이트되었다. 2020년부터 『삼박자의 딸(三拍子の娘)』을 eBookJapan 에 연재했으며, 이 작품은 제25회 일본 문화청 미디어 예술제 만화 부문 심사위원회 추천작으로 선정되었다. 또 <이 만화가 대단해!>에서 2022년 여성 만화 부문 14위에 올랐다.

COMMENT

이야기를 상상할 수 없으면 인물이나 배경을 그릴 수 없기 때문에, 의뢰 작업이든 자체 제작이든 이야기를 자주 듣는 편입니다. 제 스타일의 특징은 이야기를 희극적으로 해석해 그래픽 스타일로 표현하는 데 있습니다. 펜네임은 록 밴드 '더 옐로 몽키(THE YELLOW MONKEY)'가 좋아하는 곡에서 가져온 것입니다. 향후에는 삽화가 풍부하게 담긴 소설의 표지 일러스트 작업을 하고 싶습니다.

1	2	
3	4	5

1「BASE FOOD JOURNAL Vol.13」 표지 일러스트 / 2022 / BASE FOOD   2「스위트 스위트 로드 사이드의 유령」의 팸플릿 / 2023 / 극단 가쿠쿄(架空畳)   3「안녕하세요」 Personal Work / 2023   4「케이이치로(圭一郎)의 고양이」 단편 만화 / 2022 / 월간 코믹 빔(Comic Beam)・KADOKAWA   5「평화로운 나날」/ 하토미 스타(鳩見すた)」 표지 일러스트 / 2022 / 미디어웍스 문고・KADOKAWA

마쓰다이라 리나 MATSUDAIRA Rina

X(Twitter) rinamats   Instagram matsudairarina   URL matsudairarina.com
E-MAIL matsudairarina@gmail.com
TOOL 안료 / 먹 / 아교 / 아크릴 미디엄 (Acrylic Medium)

PROFILE 1989년 효고현에서 태어나, 교토 시립 예술대학 대학원 미술연구과를 수료했다. 일본화 분야에서 배운 기법과 그림 재료를 탐구하며, 타인에 대한 상상을 하나의 주제로 삼아 인물을 중심으로 한 구상화를 제작하고 있다.

COMMENT 먼 과거의 인물이나 공상 속 존재라도, 그에 대해 나름대로 조사하고 상상의 범위 내에서 닿을 수 있는 곳과 닿을 수 없는 곳을 구분하는 것이 작품 창작의 출발점이 됩니다. 작품을 감상하는 사람들이 상상의 틈을 발견할 수 있도록 여백을 두고 있습니다. 제 작품의 특징은, 먹물로 머리카락을 한 올 한 올 그린다거나 호분을 발라 피부의 부드럽고 폭신한 느낌을 표현하는 '치밀한 방식'과, 악센트가 될 만한 색으로 '대담하게 화면을 구성하는 방식', 이 두 가지 방식이 함께 존재하는 것이라고 생각합니다. 향후의 목표는 조형력과 구성력을 강화하여, 보다 독자적인 그림 스타일을 만들어가는 것입니다. 해외도 시야에 두고 있어 발표할 기회를 넓혀가고 싶습니다. 광고나 포장 디자인 작업에도 도전하고 싶은 꿈이 있습니다.

1	
2	3

4

1 『뉴 올랭피아(New Olympia)』 Personal Work / 2023 2 『무섭지 않은 천사』 Personal Work(사카모토 나오아키(坂本 直昭) 염색지 위에 그린 그림) / 2024 3 『커플』 Personal Work / 2023 4 『서양사학 277호』 「『서양사학』편집부」 표지 일러스트 / 2024 / 일본서양사학회

misato.

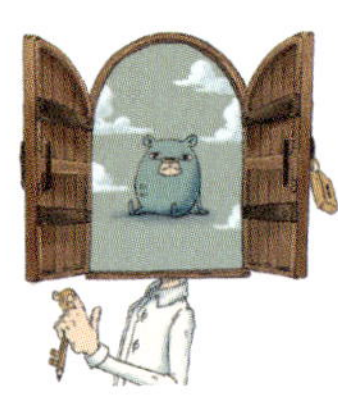

X (Twitter) misato08280 Instagram misato08280 URL 3-3-10.com
E-MAIL misato.animation.08280@gmail.com
TOOL Procreate / Photoshop CC / After Effects CC / iPad Pro

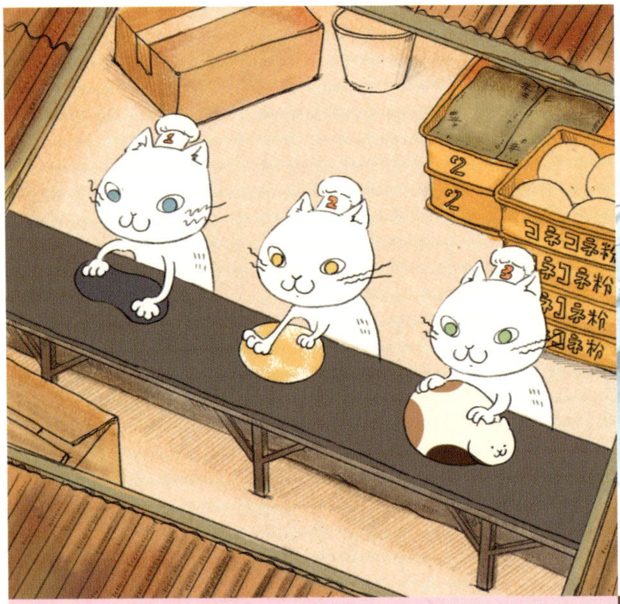

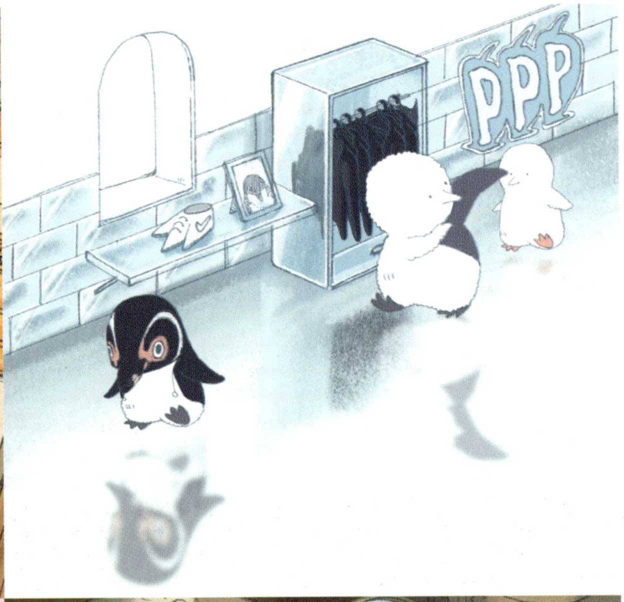

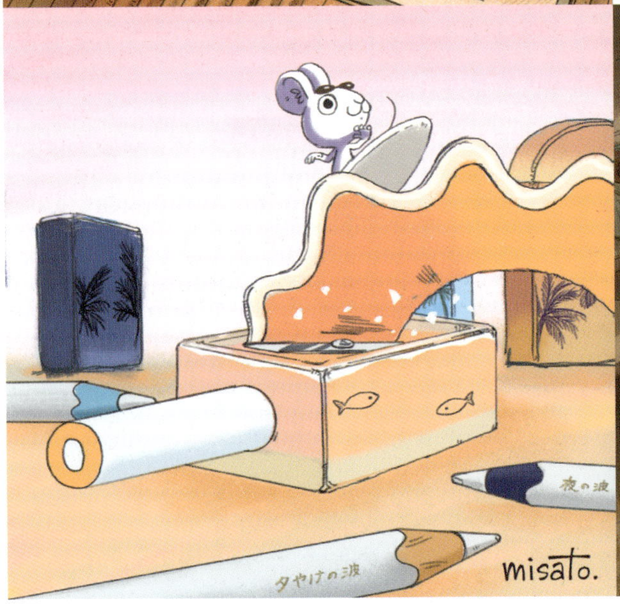

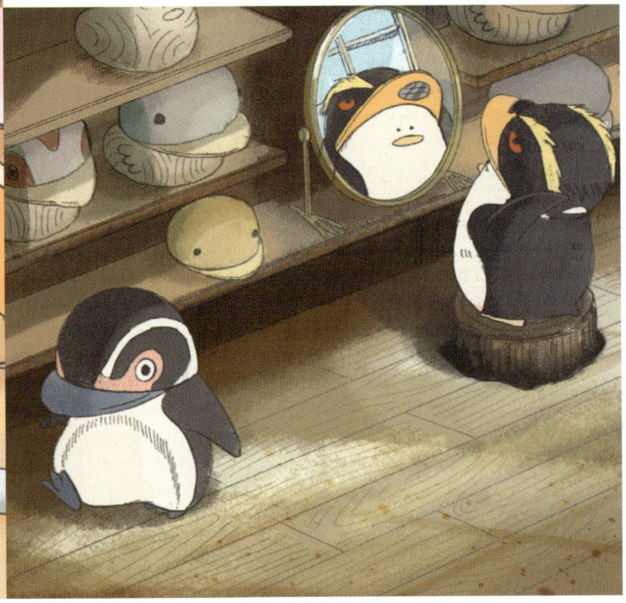

PROFILE
무사시노 미술대학 시각 전달 디자인학과를 졸업했다. 애니메이터로서 GIF 애니메이션을 중심으로 SNS에서 작품을 지속적으로 발표하며, 여러 기업들과의 콜라보레이션을 통해 독자적인 세계관을 확립하고 많은 팬을 확보하고 있다. 또, 크리에이터로서 『아오이쿠마상』, 『오야스미 레스토랑』 등의 캐릭터를 창작해 상품화와 서적화로 확장하고, 전시회를 개최하는 등 다양한 형태로 전개하며 캐릭터 콘텐츠 분야에서도 주목을 받고 있다.

COMMENT
동물을 좋아해서 동물 모티브를 바탕으로 작업하고 있으며, 마음에 드는 주제는 '놀이'와 'loop'입니다. 언어의 벽을 넘어 즉시 눈에 띄고, 보는 것만으로도 즐거움을 줄 수 있는 것을 그리기 위해 노력하고 있습니다. 또, 일상에서 가능한 한 많은 것에 '이럴지도 모른다'는 상상을 불어넣고 있습니다. 작품의 테마를 결정할 때는 '말장난' 같아 보이는 아이디어를 통해 많은 영감을 얻습니다. 그래서 작품 속에는 여러 번 다시 봐도 새로운 발견을 할 수 있는 요소들을 담기 위해 노력합니다. 이를 위해 애니메이션은 반복 재생 형식으로 구성하여 만들고 있습니다. 향후에는 CM, 아티스트의 MV, 이벤트 등의 애니메이션을 해 보고 싶습니다.

1 2
3 4
5

1 『코네코네코』 Personal Work / 2020 2 『확 펼쳐지는 파카를 입은 펭귄들』 Personal Work / 2021 3 『연필깎이의 파도』 Personal Work / 2021 4 『펭귄의 캡』 Personal Work / 2023 5 『오야스미 레스토랑 - 스시 version』 Personal Work / 2021

すずき
あまえび
えび
ほたて
いわし
あじ
うに
かんぱち
いくら
大トロ
サーモン
まぐろ
寿司宿た
玉子
手巻き
はまち
細巻き
赤だし
あがり
平目

미즈카미 에리카 MIZUKAMI Erika

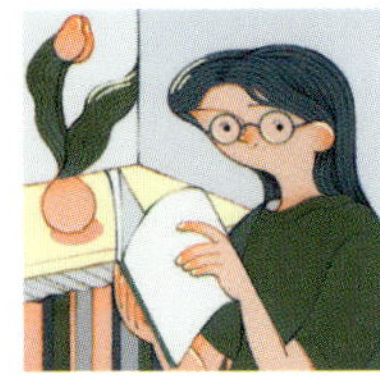

X (Twitter) mizukami_erika Instagram erika_mizukami URL www.erika-mizukami.com
E-MAIL info@erika-mizukami.com
TOOL 수채화 물감 / 색연필 / Photoshop CC

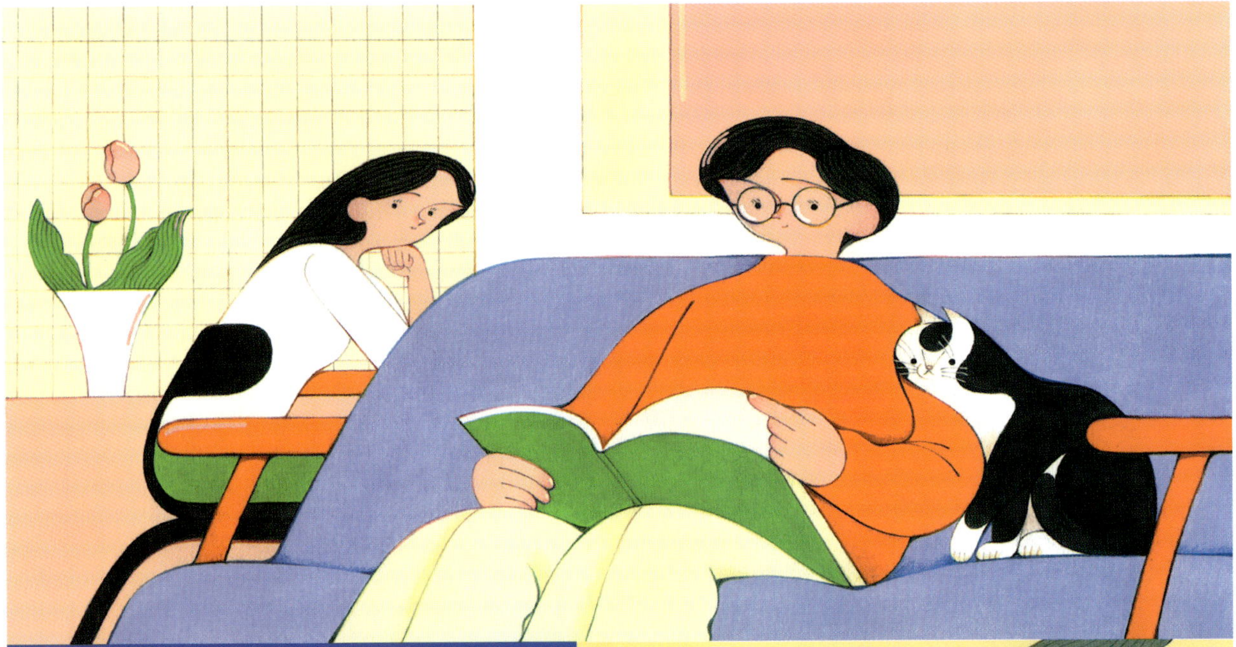

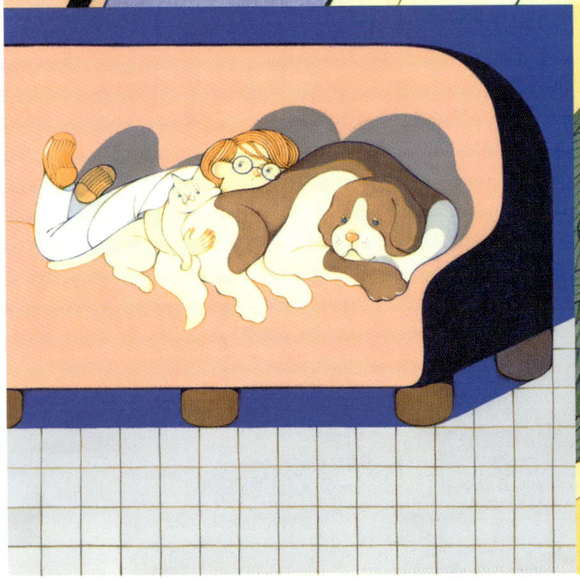

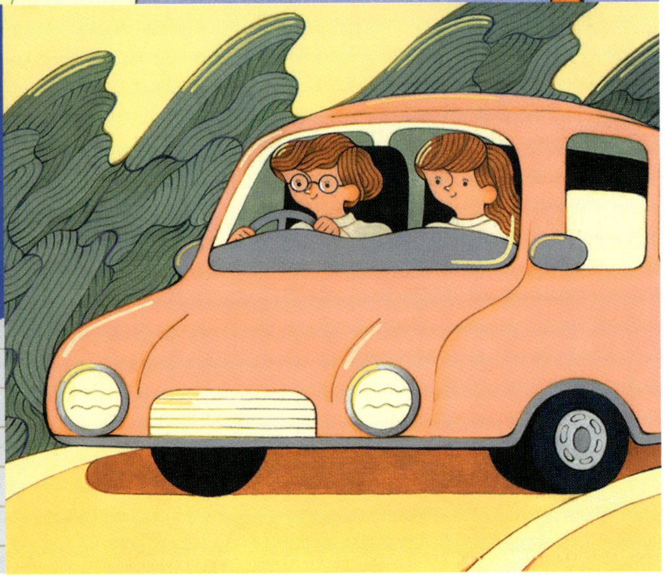

PROFILE 1993년생으로, 다마 미술대학 그래픽디자인학과를 졸업했다. '더 초이스 2023'에서 연도상을 수상했으며, 서적과 Web을 중심으로 일러스트레이터로 활동하고 있다. 수채화를 그릴 때 색연필과 수채물감을 겹쳐 사용하여, 소박하면서도 팝한 느낌의 일러스트를 그리는 것이 특기다.

COMMENT 일상 속에서 궁금했던 모티브나 풍경을 마치 잘라내듯 일러스트로 담아내고 있습니다. 색연필 특유의 소박함과 따뜻함을 살리면서, 보는 사람이 기분 좋게 느낄 수 있도록 화면 구성을 의식하며 작업하고 있습니다. 모티브의 데포르메와 선 표현에 대한 고집은 만화에서 많은 영향을 받았다고 생각합니다. 스타일로는 젊은 층이 좋아하는 팝적인 일러스트와, 가족 및 어린이를 위한 소박하고 귀여운 일러스트를 그리는 것이 특기입니다. Photoshop을 활용한 다소 플랫한 표현도 가능하므로 소박함을 살린 종이 매체뿐만 아니라 Web 매체에서도 팝적인 표현을 할 수 있습니다. 향후에는 역내 상가나 상업 시설 광고에 일러스트를 활용하여, 일상에 제 일러스트가 자연스럽게 스며드는 순간을 직접 경험하고 싶습니다.

1
2 3 | 4

1 『생활의 온도』 Personal Work / 2024 2 『밤샘』 Personal Work / 2024 3 『DRIVING』 Personal Work / 2024 4 『Hello!』 Personal Work / 2024

michi

X (Twitter)   michiillust122   Instagram   kmc_illust   URL   ——
E-MAIL   michiillustration@gmail.com
TOOL   Procreate / Photoshop CC / Illustrator CC / iPad Pro

PROFILE   1997년생으로, 효고현 출신이다. 고등학교에서는 일본화를, 대학에서는 디자인을 배웠다. 2023년부터 일러스트레이터로 활동을 시작했다.

COMMENT   선을 강조한 둥근 실루엣이 특징인 인물 일러스트를 그립니다. 좋아하는 개나 식물을 함께 그리면서 팝적이고 귀여운 느낌을 담아, 보는 사람이 즐거워할 수 있는 일러스트를 그리는 데 신경 쓰고 있습니다. 향후에는 책의 삽화나 표지 같은 인쇄 매체 작업뿐만 아니라, 애니메이션 분야에도 도전하고 싶습니다.

1 2	5
3 4	

1 『아침 식사』 Personal Work / 2024   2 『my room』 Personal Work / 2024   3 『Girls Band』 Personal Work / 2024   4 『Happy New Year 2024』 Personal Work / 2024
5 『예의범절』 Personal Work / 2024

미야오 MEOW

X (Twitter)　mememememeoww　　Instagram　the_room_of_meow　　URL　—
E-MAIL　mmunchobi@gmail.com
TOOL　Blender / Illustrator CC

PROFILE　1995년생으로, 2019년부터 음악과 이미지 제작을 시작했다. 최근에는 악곡의 재킷 아트워크를 비롯해 CD와 LP 및 카세트테이프의 디자인, MV, 이벤트 플라이어 (Event Flyer) 등을 제작하고 있다.

COMMENT　그곳에 존재하는 공간과 그 내면에 대해 생각합니다. 또, 때때로 저에게 일어나는 '존재를 느낄 때 스쳐가는 감정과 기억의 어지러운 교차'에 흥미가 있습니다. 이러한 반응과 작용을 공간이나 존재 속에서 포착하기 위해 매일 작업을 이어가고 있습니다. 3D CG 공간 속에서도 마치 현실 세계에 존재하는 듯한 방식으로 표현하고 있으며, 이를 통해 현실과 가상 사이의 연결을 도모하고자 합니다. 펜네임은 고양이 울음소리에서 착안해서 지었습니다. 향후에는 공간과 그 이미지의 정밀도를 한층 더 높여 가고자 합니다.

1	2	
3	4	5

1 『SAKURA ROOM』 Personal Work/2023　2 『공간』 Personal Work/2023　3 『파도의 안쪽 (그룹 곤니치와)』 CD 재킷 / 2024　4 『COURTYARD』 Personal Work/2023
5 『유칼륨 (나가세 유카)』 CD 재킷 / 2024 / 기겐쇼 (Kigensho) 레코드

미야시타 노도카 MIYASHITA Nodoka

X (Twitter)　miyashitanodoka　　Instagram　miyashitanodoka　　URL　miyashitanodoka.com
E-MAIL　miyashitanodoka@gmail.com
TOOL　Photoshop CC / Procreate / iPad Pro / Cintiq Pro 24

PROFILE　도쿄도 출신이며, 2017년 다마 미술대학에서 유화를 전공하고 졸업했다. 제18회 TIS 공모에 입선했으며, 문구류를 비롯해 광고, 표지 일러스트, 포장 등 다양한 분야의 일러스트 제작을 중심으로 활동하고 있다.

COMMENT　즐거울 때는 즐거움이 더 커지고, 괴로울 때는 마음이 조금 가벼워질 수 있는 작품을 목표로 작업하고 있습니다. 부드러운 분위기를 표현하기 위해 파스텔 컬러를 중심으로 배색하고 있습니다. 뿐만 아니라 시선을 사로잡는 일러스트를 만들기 위해 악센트로 비비드한 색을 과감하게 사용하는 점이 저의 특징입니다. 현재는 오리지널 문구와 굿즈 제작에 주력하고 있습니다. 향후에는 텍스타일을 비롯한 다양한 매체에 도전하여, 몇 년 이내에 제 제품 브랜드를 시작하고 싶습니다.

1	2	5
3	4	6

1 『유채』 Personal Work/2021　2 『아침 해』 Personal Work / 2021　3 『풀잼 (pooljam)』 Personal Work / 2023　4 『in my room』 Personal Work / 2023　5 『평온』 Personal Work / 2024　6 『스커트』 Personal Work/2021

멧타 야타라  METTA Yatara

X (Twitter) mettaflix   Instagram   mettaflix   URL   mettaflix.tumblr.com
E-MAIL   yatara2022@gmail.com
TOOL   Procreate / iPad Pro / 딥펜

멧타 야타라 METTA Yatara

PROFILE   툴립을 좋아한다.

COMMENT   최대한 그림을 많이 그리고, 만화나 애니메이션 등 다양한 분야에 도전해보고 싶습니다.

1	2	
3	4	5

1『A091』Personal Work / 2022   2『C999』Personal Work / 2024   3『B107』Personal Work / 2023   4『C058』Personal Work / 2024   5『C118』Personal Work / 2024

모뇨치타 포미치 MONYOCHITA POMICHI

X(Twitter)	monyochita
Instagram	monyochita
URL	—
E-MAIL	monyochita@gmail.com
TOOL	CLIP STUDIO PAINT PRO / Procreate / iPad Pro / 아크릴 구아슈 / 연필 / 코픽 / 코픽 멀티라이너 (Copic Multiliner)

PROFILE

1996년생으로 군마현 출신이며 그림 분야에서 프로페셔널한 실력을 갖추고 있다. 자유롭고 개성 있는, 다소 괴기스러운 여자아이를 그린다. 수많은 기업 일러스트 작업 이외에도 전시와 이벤트를 하며 활발하게 활동하고 있다.

COMMENT

첫 번째로는 '즐기면서 그린다', 두 번째로는 '공손하게 일을 한다'는 점을 중요하게 생각합니다. 일러스트의 특징은 큰 눈과 통통한 몸집입니다. 펜네임은 초등학생 시절 친구들과 의미 없이 서로에게 이름을 붙여주는 놀이를 했는데 그때 만들어진 것입니다. 향후에는 CD 재킷과 과자 포장 일러스트 등 다양한 분야에서 작업을 해보고 싶습니다. 개인 작업으로는 평소에 평면 작품을 주로 다루고 있어, 추후에는 도예 등 입체 작품 한 점을 제작해 보고 싶습니다.

1	2	
3	4	5

1 『Spring Girl』 Personal Work / 2024　2 『City Cats』 Personal Work / 2023　3 『산책』 Personal Work / 2023　4 『이누토모』 Personal Work / 2024　5 『Dancing with Gyoza-chan-a』 Personal Work / 2024

모루히 MORUHI

X (Twitter) momoruhi   Instagram moruhi_z   URL lit.link/moruhi
E-MAIL b.hitsudi@gmail.com
TOOL CLIP STUDIO PAINT PRO / Procreate / Blender / iPad Pro

PROFILE 일러스트레이터로, 그림을 그리며 살고 있다.

COMMENT 주변 환경이나 사람들에게 많은 자극을 받으며 작업하고 있어, 기술보다도 환경의 중요성을 크게 느끼고 있습니다. 제가 어렴풋이 느낀 감정이나, 인상 깊었던 장면, 사람의 분위기를 일기를 쓰듯 그림으로 담아내고 있습니다. 대학에서 회화를 전공하며 배운 요소들이 자연스럽게 작품에 스며들었고, 이를 계기로 일러스트에 본격적으로 뜻을 두게 되었습니다. 또 SNS를 통해 만난 훌륭한 일러스트레이터들에게서 큰 영향을 받고 있습니다. 스타일은 일부러 필적을 남겨서 거칠고 자연스러운 느낌으로 마무리하는 것을 좋아합니다. 색조는 현실적인 분위기와 저의 감각을 모두 중요하게 여기고 있습니다. 인상파 그림을 좋아하다 보니 터치와 색채의 사용에서도 자연스럽게 그 영향을 받는 것 같습니다. 향후에는 MV의 일러스트, 재킷 일러스트, 의상 디자인뿐만 아니라 게임 등의 캐릭터 디자인에도 도전해보고 싶습니다.

<table>
<tr><td>1</td><td>2</td></tr>
<tr><td></td><td>3</td><td>4</td></tr>
</table>

1 『무제』 Personal Work / 2024　2 『In The Day』 Personal Work / 2023　3 『저편 강가까지』 Personal Work / 2023　4 『한 번의 터치』 Personal Work / 2024

야시로 나나코 YASHIRO Nanaco

X (Twitter) yashiro_nanaco   Instagram nanaco846   URL potofu.me/yashironanaco
E-MAIL   aka104denwa@gmail.com
TOOL   CLIP STUDIO PAINT PRO / ibis Paint / iPad Pro / 아크릴 구아슈

PROFILE
1998년생으로, 도쿄에 거주하며 화가 겸 일러스트레이터로 활동하고 있다. 죠시 미술대학에서 서양화를 전공하고 졸업했으며, 주로 아크릴 구아슈를 사용해 동식물이나 여성 등의 모티브를 그린다. 2021년에 첫 상업화집 『원더랜드』를 출판한 후, 국내외 전시 활동 외에도 표지 일러스트와 광고 일러스트 등 다양한 작업을 하고 있다.

COMMENT
누구의 마음속에나 자리한 그리움을 불러일으키는 작품을 지향하고 있습니다. 사람들이 무심코 잊고 있던 어린 시절에 대한 향수와 설렘을 제 작품을 통해 다시 떠올릴 수 있는 계기가 되었으면 좋겠습니다. 작품을 만들 때 '그리움'에 초점을 맞추는 이유는, 현재의 작품과 나 자신을 형성해 준 것이 유년기의 경험에서 비롯되었다고 생각하기 때문입니다. 어린 시절 저에게 설렘을 주었던 애니메이션이나 그림책처럼, 향후에는 저 또한 누군가에게 설렘을 전할 수 있는 사람이 되고 싶습니다. 작품의 개성은 현실에서의 체험을 통해 제 안에서 싹트는 새로운 감각과 감정을 소중히 여기는 데서 비롯됩니다. 장르나 카테고리에 얽매이지 않고, 자유롭게 뻗어나가며 지금 그리고 싶은 것과 그림을 감상하는 이들에게 전하고 싶은 것을 솔직하게 표현하고 싶습니다.

1	2	
3	4	5

1 『서스테이너빌리티(sustainability) 갤러리 사이트 "eshi-cal(에시컬)"』 Web용 일러스트 / 2023 / 노무라 부동산 홀딩스   2 『유성』 Personal Work / 2022   3 『고대의 파랑』 Personal Work / 2024   4 『Don't reveal my foolish heart』 Personal Work / 2024   5 『Symbiosis』 HARUGO NO MAYU-2024 Collection (From the Soil) / 2024

야마키타 히가시 YAMAKITA Higashi

X (Twitter)　north_mountain9　　Instagram　ymkt962　　URL　yamakita962.wixsite.com/moth-moth
E-MAIL　yamakita962@gmail.com
TOOL　붓펜 / 코픽 펜 / Pho toshop CC / CLIP STUDIO PAINT PRO / One by Wacom

PROFILE　　일러스트, 만화, 애니메이션을 제작한다. 아날로그 그림 재료를 사용하는 작업을 좋아하며, 작품의 대부분은 붓펜으로 주선을 그린다. 만화 단행본『조금 이상한 세계에서 하는 아르바이트』(스퀘어 에닉스), 애니메이션『POP UP TO YOU』를 비롯하여, 재킷 일러스트, 굿즈 일러스트, MV 애니메이션 등 다양한 분야에서 활동 중이다.

COMMENT　　둥글고 부드러운 선으로 그린 캐릭터와 빙글빙글 도는 듯한 눈, 화려하면서도 복고적인 색채 사용이 특징입니다. 캐릭터들이 착용하는 옷이나 장식의 묘사에 집착하며, 그것들이 어떤 소재로 만들어졌는지 감촉을 상상하며 그리고 있습니다. 동물이나 음식을 모티브로 한 의인화와 의상 디자인을 특히 좋아해, 언젠가는 캐릭터 디자인과 패션 디자인 관련 작업을 해보고 싶습니다.

```
1
2　3　　4
```

1『25시』Personal Work / 2019　2『푹신한 타이거와 함께』Personal Work / 2023　3『낮잠 시간』Personal Work / 2024　4『뿔을 쓴 발레리나』Personal Work / 2023

유이아이 YUIAI

X (Twitter) yuiaip   Instagram yuiai_p   URL yuiaip.myportfolio.com
E-MAIL   yuiai.artw@gmail.com
TOOL   CLIP STUDIO PAINT PRO / Photoshop CC / iPad Pro

PROFILE   사가 미술대학 디자인학과를 졸업했으며, 교토시에 거주하는 일러스트레이터다. 2021년에 근무하던 디자인 회사에서 독립한 후, 현재는 프리랜서로 활동하고 있다. 빛의 표현을 특기로 삼아, 지금까지 표지 일러스트, 광고, MV, 키 비주얼 일러스트 등 다양한 작업을 해왔다.

COMMENT   빛의 표현을 고집하고 있습니다. 취미로 사진을 찍어 온 경험이 있어, 카메라로 빛을 포착하는 방법이 제 그림의 뿌리가 되고 있습니다. 그림을 그리기 시작할 때도 먼저 조명부터 떠올리는 경우가 많습니다. 서양 회화의 빛 묘사를 좋아하고 기모노도 자주 그리지만, 지나치게 일본적인 인상에 머무르지 않으며, 장르에 크게 얽매이지 않는 일러스트가 제 특징입니다. 펜네임은 본명에 사용된 한자에서 따왔습니다. 향후에는, 가미키 류노스케(神木 隆之介) 씨를 정말 좋아해서 언젠가는 꼭 함께 작업할 기회를 갖고 싶습니다!

1	2	5
3	4	

1 『금붕어 옷을 입은 그 아이』 Personal Work / 2024   2 『BAKEMONO-JACK 2024』 게스트 일러스트 / 2024 / 괴물   3 『스타라이트 (starlight)』 Personal Work / 2024   4 『엘리베이터 걸』 R11R×이케부쿠로 PARCO SPECIAL EXHIBITION "Emotions 2023" 전시 작품 / 2024 / R11R   5 『호영 (2024)』 Personal Work / 2024

유 YU

X (Twitter)　stdio_nameraka　　Instagram　stdio_nameraka　　URL　—
E-MAIL　midnight.popclinic@gmail.com
TOOL　Procreate / iPad Pro

PROFILE　일러스트레이터로 악곡에 대한 일러스트를 제공하며, MV 제작, 라이브 의상 디자인 등 폭넓게 활동 중이다. 오리지널 굿즈 숍 'LIVINGDOLL'을 운영하고 있으며, 수연초를 즐긴다.

COMMENT　귀엽지만 어딘가 기이하며, 탐미적인 초현실 세계관을 그리는 것이 특기입니다. 한 장의 정지된 화면 속에서 캐릭터의 내면을 어떻게 드러낼 것인가를 제 작품의 주요 테마로 삼고 있습니다. 향후에는 공포 게임이나 공포 노벨 작업에도 도전하고, 제 캐릭터를 의상 모델로 활동하게 하고 싶은 야망도 있습니다.

```
1
      4
2  3
```

1 『icecreep』 Personal Work / 2024　2 『월하 / x0o0x_』 MV 일러스트 / 2024 / YouTube　3 『hanahaki syndrome/Shiki Miyoshino』 MV 일러스트 / 2023 / 소니 뮤직 레이블즈　4 『아날로그 DJ 사사미사』 Personal Work / 2024

VING DOLL

유우키 YUKI

X (Twitter)	illust2002
Instagram	yuki_illust19
URL	potofu.me/yukiillust
E-MAIL	info@yuki-art.works
TOOL	Procreate / iPad Pro

PROFILE 2002년생으로, 고양이가 가득한 그림을 그리고 있다.

COMMENT 그림의 전체적인 윤곽과 세부적인 묘사를 함께 중요시하며, 시각적으로 기분 좋은 실루엣을 만드는 것을 핵심으로 삼고 있습니다. 고양이를 매우 좋아해서 최근에는 고양이의 세계에서 사는 소년을 모티브로 그림을 그리고 있습니다. 약간의 초현실성과 유머를 가미해, 보는 재미를 살리기 위해 노력합니다. 향후에는 대대적인 개인전을 개최하고, 더불어 굿즈 판매에도 도전해 보고 싶습니다.

1 『네코마미레』 Personal Work / 2024   2 『강아지풀』 Personal Work / 2024   3 『고양이 대시』 Personal Work / 2024   4 『길 잃은 아이』 Personal Work / 2024

유우리 YUURI

X (Twitter) tenkichi1212   Instagram tenkichi12   URL www.pixiv.net/users/2782998
E-MAIL   yuuri.pot12@gmail.com
TOOL   Photoshop CC / Cintiq 22HD

PROFILE   교토부 출신으로, 후쿠오카현에 거주하는 콘셉트 아티스트 겸 디자이너다. 게임 회사 근무를 거쳐 2019년에 프리랜서 디자이너로 독립하였으며, 게임과 애니메이션의 콘셉트 아트, 배경 디자인, 일러스트, 기술 강좌 등을 중심으로 활동하고 있다. 2021년과 2023년에는 개인전도 개최했다. 저서로『세계관을 만드는 방법』(쇼에이샤) 이 있다.

COMMENT   실제로 존재할 것 같고 가보고 싶어지는 현실감 있는 세계를 만들기 위해 참고가 될 장소는 되도록 직접 방문하여 체험하고, 그곳에서 느낀 감정까지도 소중히 디자인에 반영하고 있습니다. 그림을 그릴 때는 전체 구조를 입체적으로 인식하고, 화면에 드러나지 않는 부분까지도 머릿속에서 설계하며 작업합니다. 동시에 놀이의 즐거움도 함께 담아 곳곳에서 새로운 발견을 할 수 있는 공간이 되도록 고민합니다. 향후에는 자체적으로 디자인한 판타지 세계를 바탕으로 세계지도와 가이드북을 제작하여, 판타지 세계를 구현한 테마파크 같은 전시를 열어보고 싶습니다.

1	2	
3	4	5

1『이로하리 마을의 전경』Personal Work / 2023   2『키친 카의 내부 모습2』Personal Work / 2021   3『키친 카의 내부 모습1』Personal Work / 2021   4『이로하리 마을 숙소의 내부 모습2』Personal Work / 2023   5『이로하리 마을의 낮 풍경』Personal Work / 2023

yknsugar

X (Twitter) yknsugar   Instagram yknsugar   URL ―
E-MAIL ―
TOOL Procreate / MediBang Paint / iPad Pro

PROFILE yknsugar(유키노 슈가). 데포르메화된 그림이 특징적인 일러스트레이터다. 창작 활동 외에도 인터넷 생방송을 진행하는 스트리머 관련 소재를 제작하고 있으며, Snail's House 의 악곡에 대한 아트 워크를 맡고 있다.

COMMENT 디지털 아날로그를 막론하고 재료의 질감이 느껴지는 그림을 좋아하며, 캔버스풍 필터와 연필에 가까운 터치의 브러시를 꾸준히 사용하고 있습니다. 곡을 들으며 떠오르는 이미지나 일상에서 받은 자극을 그대로 일러스트로 표현하는 경우가 많습니다. 기뻤던 일이나 슬펐던 일 모두 일러스트로 옮기고 있습니다. 스타일 면에서는 간소한 표현으로 대체한 데포르메를 많이 사용하며, 다크한 표현도 부드럽고 둥근 인상으로 표현하고자 노력하고 있습니다. 또한 액체의 비말 표현을 좋아해서 일러스트에 자주 사용하고 있습니다. 향후에도 꾸준히 그림을 그리며 표현력과 기술을 연마해 나가고자 합니다.

1	2	
3	4	5

1 『PIXELIZE / Snail's House』 재킷 아트웍 / 2022 / Snail's House   2 『sink』 Personal Work / 2024   3 『go』 Personal Work / 2023   4 『eye』 Personal Work / 2024
5 『signal』 Personal Work / 2023

YUBISAKI

X (Twitter)　　yubi__saki　　　Instagram　　yubi__saki　　　URL　　——
E-MAIL　　　　3lilwaltz@gmail.com
TOOL　　　　　Procreate / iPad Pro

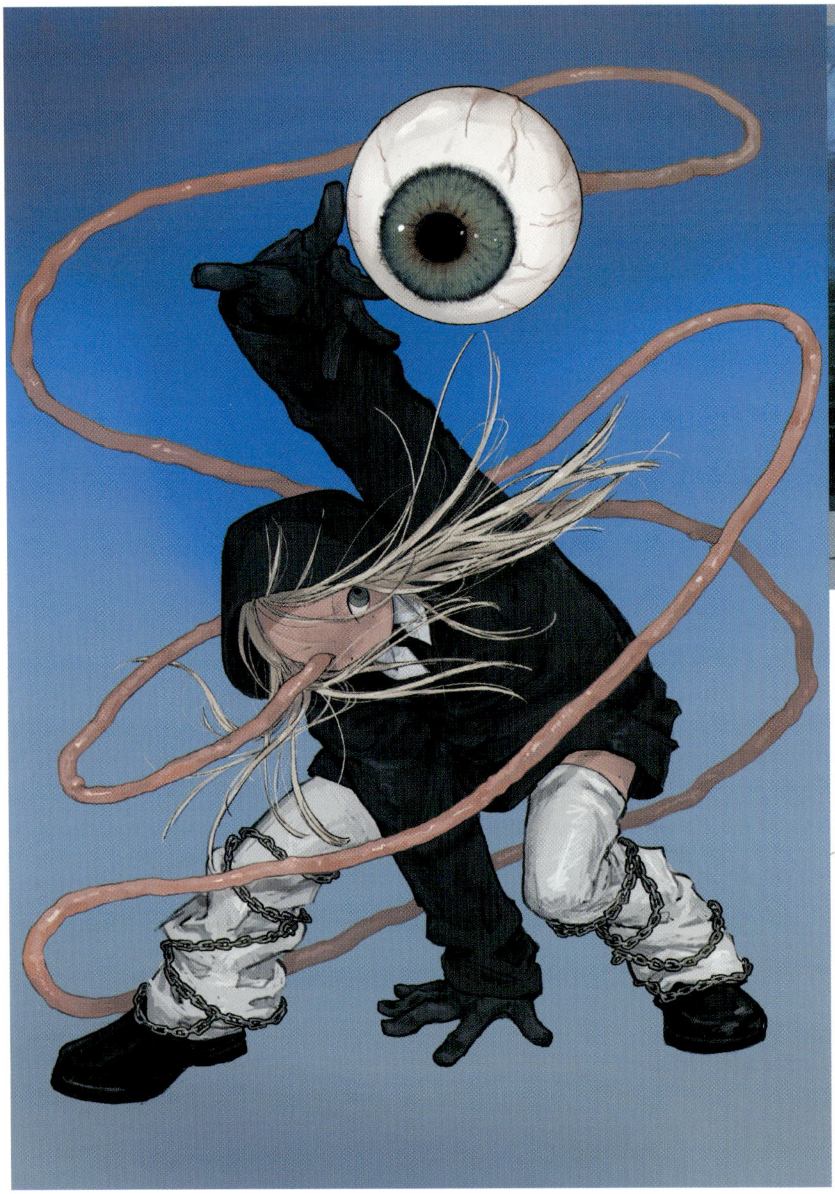

PROFILE　　　　일러스트 작업을 오랫동안 이어오고 있다.

COMMENT　　　작품을 감상할 때 실제와 픽션이 어떻게 '섞이고 배분되는가'에 따라 작품의 개성이 드러나며, 그로 인해 마음이 설레게 됩니다. 따라서 실제와 픽션을 어떻게 '배분'할 것인가를 제 작업의 중요한 고집으로 삼고 있습니다. 캐릭터와 패션을 디테일하게 그려 현실감을 살리면서, 동시에 픽션에서만 가능한 요소를 섞어서 표현하는 것을 중요하게 생각합니다. 어린 시절에 잘 그리고 싶었지만 제대로 그리지 못했던 저 자신을 위로하듯 그릴 때도 있고, 그저 지금 그리고 싶다는 생각에 충동적으로 마구 그릴 때도 있습니다. 사람의 신체, 특히 손이나 관절에는 감동적인 조형미가 있어, 이를 제대로 표현하려고 노력합니다. 펜네임은 손가락 끝으로 무언가를 만지는 이미지, 그리고 손가락 끝에서 광선이 뻗어 나오는 이미지를 떠올리며 손가락 끝(ゆびさき, 指先)을 뜻하는 '유비사키(YUBISAKI)'로 했습니다. 향후에는 CD 재킷이나 캐릭터 디자인 작업에도 도전해 보고 싶습니다. 또 그림책을 계속 그려 보고 싶다는 마음이 있어, 언젠가 그 꿈을 실현할 수 있으면 좋겠습니다.

1 『현(現) I』 Personal Work / 2024　2 『What you see / What you don't see』 Personal Work / 2024　3 『●』 Personal Work / 2024　4 『현(現) II』 Personal Work / 2024

유리보우 YURIBOU

X (Twitter)	yr_boubou Instagram yr.bou URL ——
E-MAIL	yuribou_bou@yahoo.co.jp
TOOL	CLIP STUDIO PAINT PRO / Cintiq 16

PROFILE
일러스트레이터 겸 애니메이션 작가로 활동하고 있으며, 일러스트레이터를 중심으로 활동하다가 2022년에 애니메이션 학교에 입학해 2024년 3월에 졸업했다. 현재는 애니메이션 작업에도 중점을 두고 있다.

COMMENT
색감이나 구도, 표정 등 그림을 그릴 때 나름의 고집이 많지만, 가장 중요하게 생각하는 것은 제가 표현하는 것에 거짓이 없도록 하는 것입니다. 제 그림 스타일을 나타내는 키워드로는 청색, 정경, 향수, 메시지 등을 들 수 있습니다. 향후에는, 음악과 음식에 대한 관심을 바탕으로 뮤직 비디오 제작이나 상품 PR 등의 작업에 지속적으로 참여하고 싶습니다. 또, 애니메이션 분야에서는 TV 애니메이션의 오프닝(OP)과 엔딩(ED), 자체 제작 애니메이션 등 다양한 형태의 작업을 다룰 수 있도록 꾸준히 노력하고 있습니다.

1 『그것은 단 한순간에』 Personal Work / 2024　2 『자유롭게 날아가는 것이 부러웠다』 Personal Work / 2024　3 『가을의 고요』 Personal Work / 2024　4 『다시 돌아온다』 Personal Work / 2023

요아케 구미　YOAKE Kumi

| X (Twitter) | helmrend | Instagram | helmrend | URL | — |

E-MAIL　　tkumi.imukt@gmail.com

TOOL　　파스텔 / 붓펜 / 색연필

PROFILE　　홋카이도 출신으로, 디자이너 겸 일러스트레이터다. 백수가 된 것을 계기로 2020년부터 SNS에 매일 작품을 투고하기 시작했다. '언젠가의 기억'을 그림으로 남기고 있으며, 최근에는 민속학에 관심이 있다.

COMMENT　　일본화와 우키요에의 부드러운 선을 동경하며 작업을 이어온 결과, 현재의 스타일에 이르렀습니다. 아날로그 작업을 자주 하다 보니, 우연하게 생긴 얼룩 같은 변화도 즐기면서 최대한 작품의 '활기'를 살려 제작하고 있습니다. 모티브로는 약간 어두운 분위기가 감도는 인물을 주로 그리며, 표정으로는 드러나지 않지만 마음속에는 많은 생각을 품은 캐릭터를 표현하고 있습니다. 이러한 내면의 깊이가 느껴지는 그림을 목표로 하고 있습니다. 향후에는 표지 일러스트와 삽화, 패션, 음악 관련 일 등 다양한 분야에 도전해 보고 싶습니다.

```
1
2   3       4
```

1 『표면과 이면』 Personal Work / 2024　2 『Talk with me』 Personal Work / 2022　3 『I'm the only one who knows』 Personal Work / 2021　4 『이정표』 Personal Work / 2021

요소마치 YOSOMACHI

X (Twitter) yososoyo   Instagram yosomachi   URL yosomachi.com
E-MAIL   yosomachi@gmail.com
TOOL   분말 그림물감 (천연암석가루) / 호분 / 시나 베니어

<u>PROFILE</u>   그림과 만화를 그린다. 가나가와현 출생으로, 다마 미술대학 미술학부 회화학과 일본화를 전공하고 졸업했다. 바닷가에서 생활하며 주로 분말 그림물감 (원료는 천연 암석가루)을 사용하여 그림을 그리고 있다. 2016년부터 자체 제작 만화지『격월간지』를 발행하고 있다. 제19회 TIS 공모 금상, HB WORK vol.5 알비레오 특별상을 수상했다.

<u>COMMENT</u>   좋아하는 것과 장소의 현재 모습을 남기고 싶어 그림을 그리고 있습니다. 작품에는 분말 그림물감과 호분의 질감을 살려, 각 재료의 특성을 작품 표현에 활용하고 있습니다. 제가 자란 가나가와 해변 지층에 관심을 기울인 것이 계기가 되어, 최근에는 다양한 해변의 지층을 탐구하며 작품을 제작하고 있습니다. 누군가 제 그림을 볼 때, 그 작품을 통해 저에 대한 기억이나 이야기를 떠올리는 순간이 있기를 바랍니다. 향후에는 표지 일러스트나 삽화 등 책과 관련된 작업을 할 수 있으면 좋겠습니다.

1	2	5
3	4	6

1『졸음』Personal Work / 2023 2『해변의 눈부심』Personal Work / 2023 3『바다의 창』Personal Work / 2024 4『약간 흐림』Personal Work / 2024 5『누군가가 있던 곳』Personal Work / 2024 6『저녁 무풍』Personal Work / 2024

YORUGATA

X (Twitter)   YORUGATA_mao   Instagram   yorugatamaomao   URL   yorugata.myportfolio.com
E-MAIL   kkenpappa@gmail.com
TOOL   Photoshop CC / Illustrator CC / CLIP STUDIO PAINT PRO / Procreate / iPad Pro

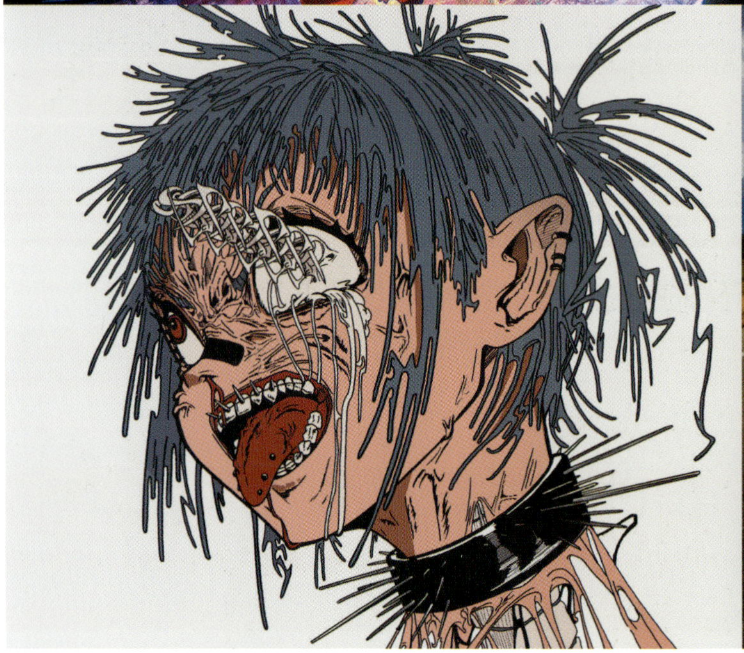

PROFILE   스트리트와 언더그라운드 문화를 중심으로 일러스트와 디자인을 제작하고 있으며, 2024년부터는 영상 제작을 중심으로 활동하고 있다.

COMMENT   그림 속에 세세한 디테일과 대략적인 실루엣을 동시에 담아내는 데 집중하고 있습니다. 영국 애니매이션 감독 제이미 휴렛 (Jamie Hewlett) 이 참여해 만든 가상 밴드 『고릴라즈』 처럼 실사와 이차원을 섞은 스타일의 작품을 좋아하며 그 영향을 받았습니다. 또, 한순간에 강한 임팩트를 줄 수 있기를 바라며 작업하고 있습니다. 펜네임 은 밤에 작업하는 습관이 있어 요루가타 (よるがた [夜型], 저녁형 인간) 로 지었습니다. 특별한 이유는 없지만 멋있어 보여서 영어로 표기했습니다. 향후에는 실사, CG, 애니메이션 등 다양한 기술을 활용한 크리에이티브 작업에 도전하고 싶습니다. 현재는 언더 그라운드 문화와 일본적인 서브 컬처를 혼합한 아트 워크 제작을 시도하고 있습니다.

1 2
3 4   5

1 『Project XRT NOH』 키 비주얼 / 2023 / HKSK   2 『무제』 Personal Work / 2024   3 『무제』 Personal Work / 2023   4 『무제』 Personal Work / 2024   5 『무제』 Personal Work / 2024

요루나노니 아사히 YORUNANONI Asahi

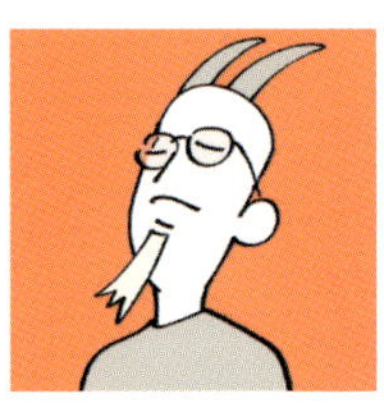

X (Twitter) okaokao4992 Instagram asahi.mgz URL note.com/iisashimi
E-MAIL game.bus100@gmail.com
TOOL CLIP STUDIO PAINT EX / Procreate / iPad mini / Cintiq 22

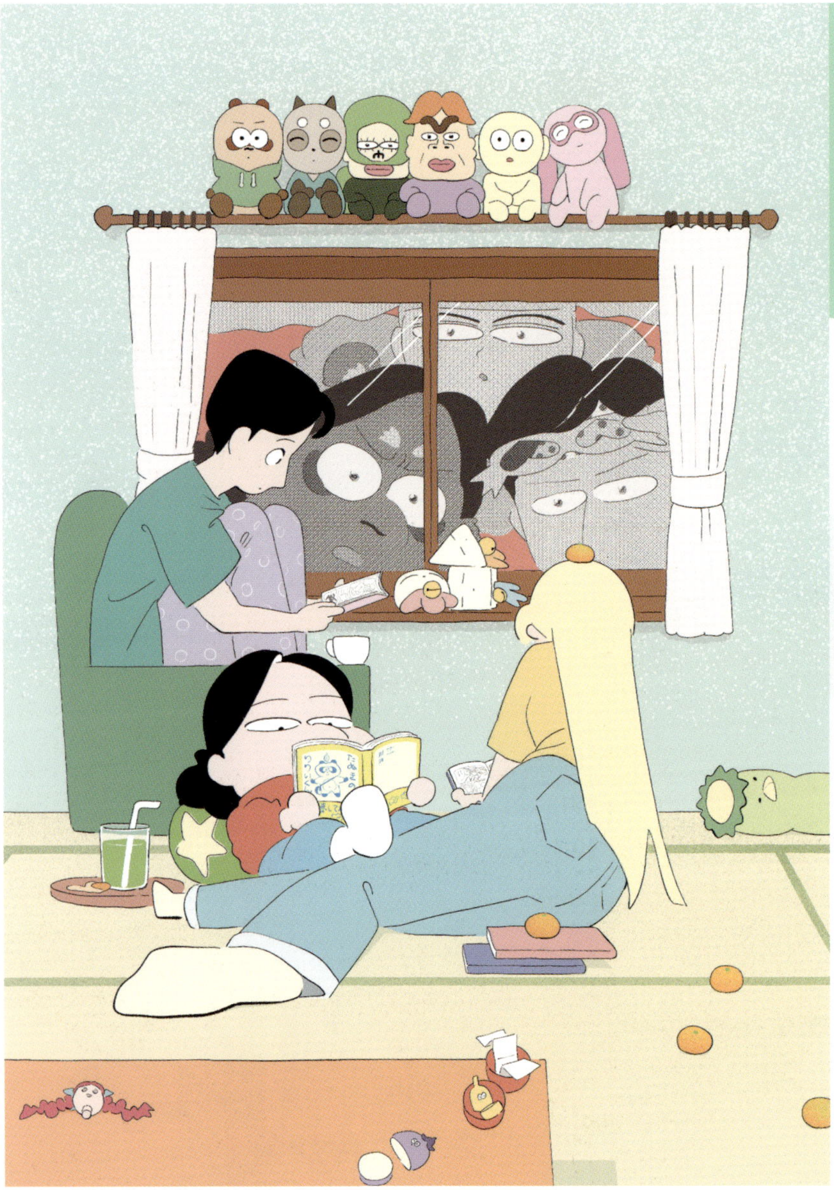

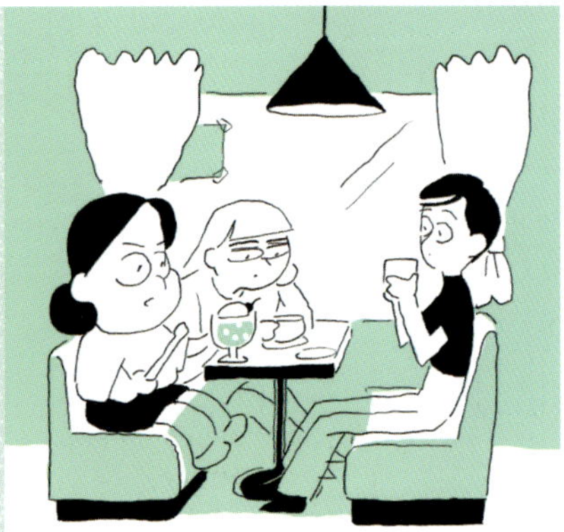

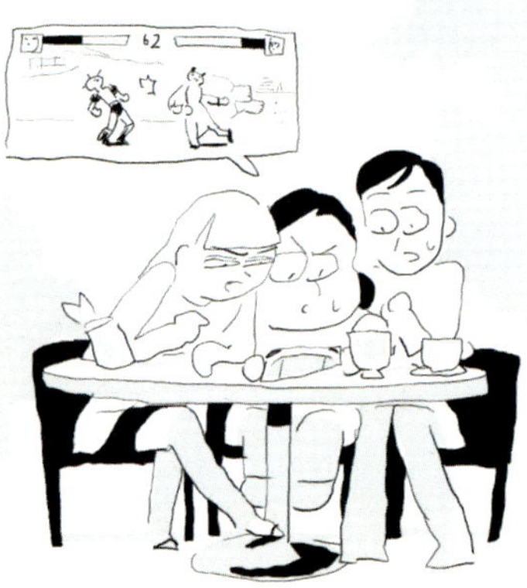

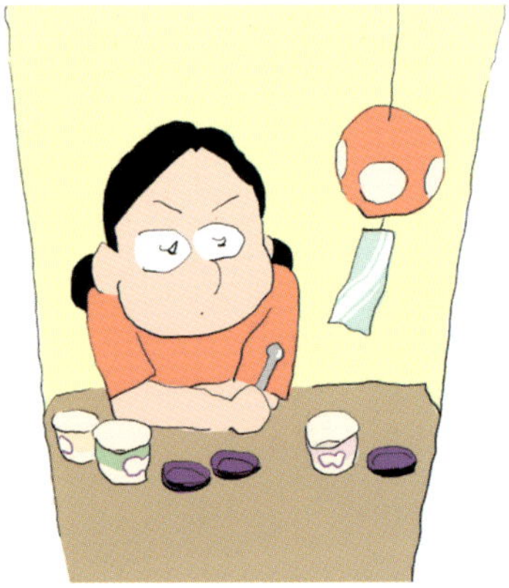

PROFILE

만화가로 활동 중이다. 2021년에 코미티아(COMITIA)에서 자비 출판 만화책『SPEAK』 시리즈를 발표하기 시작했다. 그 외에『그림 실력이 늘지 않는 문제』,『괴물! 별거 아니야』 등을 발표했다. 2024년에 NeWORLD에서『SPEAK』 연재를 시작했다.

COMMENT

'만화의 한 컷이라면'이라고 생각하면 일러스트도 그릴 수 있습니다. 그림은 시행착오를 겪으며 점차 변화해 가겠지만, 궁극적으로는 구체적으로 묘사하지 않아도 상황이 전달되는 그림을 그리고 싶습니다. 펜네임 요루나노니 아사히(夜なのに朝日, 밤인데 아침 해가 떴네)는, 어릴 적에 전화를 받으면 "좋은 저녁입니다! 아침 해가 뜨긴 했지만" 이라고 장난삼아 말했더니, 그때마다 "어? 아침이라고? 밤인데?" 라며 물어보시던 친구 아버지의 말을 떠올리며 사용하게 되었습니다. 현재는 상업 잡지에 만화 연재를 목표로 하면서도, 동시에『SPEAK』 안에 구축한 세계를 꾸준히 확장해 나가는 작업을 이어가고 싶습니다. 또, 만화와 마찬가지로 게임에서도 '읽는다'는 체험을 할 수 있다는 것을 깨닫고 난 뒤부터, 화면 속 캐릭터가 말할 때 텍스트가 한 글자씩 흘러나오는 프로그램을 만들고 싶다는 생각을 늘 하고 있습니다. '너구리'도 하나의 테마로 그리고 싶습니다.

1 2 3 4 5

1『티아즈 매거진 Vol.145』 표지 일러스트(뒷면) / 2023 / 코미티아 실행위원회 2『찻집』 Personal Work / 2024 3『패배하면 교체』 Personal Work / 2024 4『변명을 생각하는 중』 Personal Work / 2024 5『티아즈 매거진 Vol.145』 표지 일러스트(앞면) / 2023 / 코미티아 실행위원회

Luv

X (Twitter)   luvluvvox   Instagram   luvluvvox   URL   xfolio.jp/portfolio/luvluvvox
E-MAIL   luvluvvox@gmail.com
TOOL   CLIP STUDIO PAINT PRO / Illustrator CC / Cintiq Pro 24

PROFILE   Luv(루브). 일러스트레이터 겸 애니메이터다. CG 및 MV 크리에이터 LECTER와 애니메이션 영상 제작 유닛 'Luv Lake'에서도 활동 중이다. 핑크 머리와 라면을 좋아한다.

COMMENT   '캐릭터에 대한 애착'이라는 감각에 매력을 느껴, 제 안에 있는 애착과 현대사회가 요구하는 애착을 동시에 생각하며, 이를 혼합한 애착 캐릭터를 의식적으로 제작하고 있습니다. 제 그림의 스타일은 예쁜 선화와 뚜렷한 채색, 색채의 통일감, 핑크색이 특징입니다. 이름은 귀여운 느낌과 사인하기 쉬운 점을 고민하고 있을 때, 마침 들었던 곡의 제목에서 가져왔습니다. 향후 가장 하고 싶은 일은 제가 감독한 애니메이션 MV를 만드는 것입니다.

1	2	
3	4	5

1『사랑해!』Personal Work / 2024   2『와~!』Personal Work / 2024   3『마음에 드는 것』Personal Work / 2024   4『자, 자, 피스!』Personal Work / 2024   5『KICKS 2024』Personal Work / 2024

RYO

X (Twitter) ryo__88888   Instagram ryo__8   URL ——
E-MAIL   ryoillust07@gmail.com
TOOL   Photoshop CC / Procreate / iPad Pro

PROFILE   프리랜서 일러스트레이터 겸 디자이너로 활동 중이다. 포장 디자인과 카탈로그 업무를 담당하며, 웹 매체를 중심으로 일러스트와 디자인 작업을 진행하고 있다. 완만한 선과 질감이 느껴지는 색을 사용한 일러스트를 그린다.

COMMENT   일상생활 속에 자연스럽게 스며들어 있는 식물이나, 식물과 함께 살아가는 인간을 주로 그립니다. 식물처럼 생활 공간에 어우러지는 일러스트를 목표로 작업하고 있습니다. 또, 일러스트 꾸미기를 좋아해, 놀이 요소나 여백 같은 디자인을 더해 보는 재미가 느껴지도록 작업하고 있습니다. 향후에는 식물과 관련된 잡지나 시설에 일러스트로 도움을 줄 수 있기를 바랍니다. 디자인과 일러스트의 장점을 살린 작품 제작을 목표로 지속적으로 활동을 이어가고 싶습니다.

1	4
2 3	5

1 『Flower cream』 Personal Work / 2023   2 『복중 문안』 Personal Work / 2024   3 『HOUSE KEY』 Personal Work / 2023   4 『2024FES』 Personal Work / 2024   5 『라임과 여름과 허브』 Personal Work / 2024

BOTANICAL BOYS
SUMMERTIME
2024
BOTANICAL
BOYS
SUMMER
TIME 2024

료쿠노 RYOKUNO

X (Twitter)   green4greeeen   Instagram   ryokuno_green   URL   potofu.me/green4greeeen
E-MAIL   green_cake_export@yahoo.co.jp
TOOL   Photoshop CC / Illustrator CC / FireAlpaca / Artisul D16 Pro

PROFILE   1998년생으로, 도쿄도에 거주한다. 일러스트레이터, 작가, 잡화 기획, 디자이너로 활동 중이다.

COMMENT   그림을 보는 사람들이 설렘과 힐링을 느낄 수 있도록 그리기 위해 매일 작업하고 있습니다. 여자아이의 작풍은 아동 서적과 순정 만화의 영향이 크며, 어렸을 때부터 미니어처 잡화를 좋아해서 모티브를 세세하게 그려나가는 작업에도 즐거움을 느끼고 있습니다. 스타일로는 옅은 색조와 수채화 같은 느낌, 폭신폭신하고 부드러운 터치를 특기로 합니다. 펜네임은 녹색을 좋아한다는 점과 기분 좋은 울림이라는 의미를 담아 만들었습니다. 향후에는 아동 서적의 표지 일러스트를 비롯해 음악 및 캐릭터 굿즈 등 다양한 분야에서 활동하고 싶습니다.

1	2	
3	4	5

1 『멜론소다의 모래사장』 Personal Work / 2024　2 『NECOKOCO-2024-』 Personal Work /2024　3 『rainy day』 Personal Work / 2024　4 『데굴데굴 아이스』 Personal Work / 2024　5 『바다의 추억 파르페』 Personal Work / 2024

Parfait of memories

lillinc

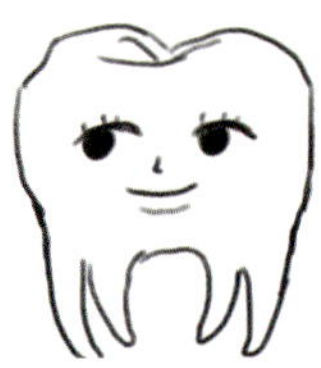

X (Twitter)   myss7777   Instagram   sasa_wang0311   URL   ——
E-MAIL   kxk7713@gmail.com
TOOL   Procreate / iPad Pro / 둥근 펜 / 잉크 / 수채화 물감 / 연필

PROFILE   중국 출신으로 현재 도쿄에 거주하며, 좋아하는 그림을 그리고 있다.

COMMENT   '일상생활'을 주제로 한 그림을 그리고 있습니다. 친근한 사물을 관찰하고, 이를 제 정서와 결합하여 그림으로 표현하며, '지금 살아있다는 것'을 분명히 느낀다는 것이
중요하다고 생각합니다. 제 스타일의 특징은 디지털 작업을 할 때도 아날로그의 질감을 의식한다는 점입니다. 또 파란색과 녹색을 즐겨 사용하는 것 역시 특징 중 하나
입니다. 펜네임은 도가와 준(戸川 純)의 'lilac'이라는 곡에서 따왔습니다. 향후에는 기회가 된다면 잡지나 서적의 표지 일러스트, 그리고 음악 관련 작업에 꼭 도전해
보고 싶습니다.

	2	
1		4
	3	

1 『조음(潮音)』 Personal Work / 2022   2 『오후 3시』 Personal Work / 2022   3 『Scene 2』 Personal Work / 2023   4 『슬슬 폐점 시간』 Personal Work / 2024

lemontea

X (Twitter)　　lemontea_star　　Instagram　　lemontea_star　　URL　　lemonteastar.com
E-MAIL　　lllemonteast@gmail.com
TOOL　　Photoshop CC / CLIP STUDIO PAINT EX / SAI / Cintiq Pro 16

PROFILE　　일러스트레이터로서 캐릭터 디자인과 일러스트레이션을 중심으로 폭넓게 활동하고 있다. 덧없고 퇴폐적인 외로움을 느끼게 하면서도, 한편으로는 유토피아적인 분위기를 자아내는 작품을 제작하고 있다.

COMMENT　　차분한 색채와 따뜻한 조명, 부드러운 분위기를 특징으로 하며, 세련된 화면 구성을 중요하게 생각합니다. 향수를 불러일으키는 칙칙하고 두꺼운 칠과 복고풍 애니메이션 칠을 구분하여, 테마에 어울리는 표현을 고민하면서 제작하고 있습니다. 캐릭터 의상 디자인과 온화한 분위기의 연출, 그래픽 디자인을 도입한 구도가 제 특기입니다. 향후에는 캐릭터 디자인을 비롯해 재킷 아트워크(Jacket Artwork), 표지 일러스트, 패션 관련 작업에 참여하고 싶습니다.

1	2
3	4

5

1 『Poolside Mirage』 Personal Work / 2024　2 『MIRROR』 Personal Work / 2022　3 『FLOW』 Personal Work / 2024　4 『Eternal White』 Personal Work / 2023
5 『COLD SUMMIT』 Personal Work / 2024

ALWAYS BY YOUR SIDE
@LEMONTEA_STAR
MOON Light
ON THE
COLD SUMMIT
ARTWORK BY LEMONTEA

와키 WAKI

X (Twitter)   wakikamaboko   Instagram   —   URL   lit.link/wakikamaboko
E-MAIL   —
TOOL   CLIP STUDIO PAINT PRO / Cintiq Pro 24

PROFILE   굵은 선과 화려하고 팝적인 색채, 약간 복고풍을 가미한 일러스트 스타일로 창작 활동을 하고 있으며, 다양한 굿즈의 일러스트를 담당하고 있다.

COMMENT   예전부터 미국의 팝적인 캐릭터와 일러스트 디자인을 좋아해 왔으며, 현재의 일러스트는 그 영향을 크게 받은 것입니다. 어디서나 사용하기 쉽도록 정보를 간소화하면서, 눈길을 끄는 그림을 목표로 작업하고 있습니다. 그 당시 유행하던 다소 기발하고 팝적인 옷을 좋아하기 때문에 이런 분위기를 살린 그림을 자연스럽게 그리는 것이 제 특기입니다. 강약을 넣지 않은 자연스러운 선으로, 실루엣을 중시한 그림이 특징입니다. 향후에는 광고와 캐릭터 원안 등 다양한 분야에서 활동하고 싶습니다.

1 『HEART』 Personal Work / 2024   2 『cat』 Personal Work / 2024   3 『Cheese』 Personal Work / 2024   4 『flower』 Personal Work / 2024

flower

와타 키노시 WATA Kinoshi

X (Twitter)	no2i	Instagram	kinoshiwata	URL	lit.link/watakinoshi

X (Twitter) no2i   Instagram kinoshiwata   URL lit.link/watakinoshi
E-MAIL st.nokino@gmail.com
TOOL CLIP STUDIO PAINT PRO / Cintiq 22HD

PROFILE 만화와 일러스트를 그리며 활동하고 있다. 귀여운 것과 기묘한 것을 좋아하고, 인간이라는 존재를 좋아한다. 좋은 사람과 나쁜 사람 모두 좋아한다.

COMMENT 눈이 반짝반짝 빛나게 표현하는 것은 쇼와 시대의 소녀 만화에서 영향을 받았습니다. 일러스트에서는 같은 얼굴을 그리지만, 반대로 만화에서는 각기 다른 얼굴을 그립니다. 펜네임은 순정만화 『바람과 나무의 시』에서 따왔습니다. 향후에는 만화 연재와 일러스트 작업을 병행하는 것을 목표로 하며, 이후에는 제 작품을 두려움 없이 세상에 알리고자 합니다.

1 『구마짱』 Personal Work / 2024 2 『우사기 걸』 Personal Work / 2023 3 『무제』 R11R × 이케부쿠로 PARCO SPECIAL EXHIBITION 『Emotions 2024』 전시 작품 / 2024 / R11R 4 『USAPYON』 Personal Work / 2021

USAPYON
GAME
GAME
USA

와타나베 도마리　WATANABE Tomari

| X (Twitter) | t_w106 | Instagram | tomari_w | URL | lit.link/wtnbtmr |

E-MAIL　wtnb10mari06@gmail.com

TOOL　수성 볼펜 / 형광 마커 / Procreate / iPad Air

PROFILE　후쿠시마현에 거주하며, 4색 펜과 마커를 사용해 사춘기의 사랑을 품은 소녀를 그리고 있다. 작품을 통해 미숙한 시기의 씁쓸함과 달콤함을 나눌 수 있기를 바란다.

COMMENT　표정과 몸짓에 담긴 감정과 조명 표현을 4가지 색으로 어떻게 표현할 수 있을지 고민하며 작업하고 있습니다. 볼펜이라는 친숙한 그림 재료를 사용해서 선명한 색감과 선의 움직임을 살리는 것이 제 스타일의 특징입니다. 향후에도 계속해서 전시회에 참가하며 일러스트 작업을 이어가고 싶습니다. 또한 제 그림이 적합하다고 판단되는 작업이 있다면 적극적으로 도전해 보고 싶습니다. 부담 없이 제안해 주시면 감사하겠습니다.

1	2
3	4

5

1 『꽃말 / sena』 CD 재킷 / 2023 / sena　2 『나를 위한 아침이 온다』 Personal Work / 2023　3 『도피행(2024)』 Personal Work / 2024　4 『그것은 매우 선명하고 강렬해서』 Personal Work / 2024　5 『세 글자 / HANGER』 CD 재킷 / 2024 / 소니 뮤직 레이블즈

WACHAPO

X (Twitter)   wachapo_   Instagram   wachapo_   URL   lit.link/wachapo
E-MAIL   pikapikaoden@gmail.com
TOOL   Procreate / iPad Pro

PROFILE   본명은 시마다 소라(島田青空, シマダ・ソラ)이며, 나가노현에 거주하는 일러스트레이터다. 활기차고(와차와차, わちゃわちゃ), 발랄하다(포프, ポップ)는 뜻을 가진 '와차포(WACHAPO, わちゃぽ)'를 테마로 캐릭터의 일러스트와 굿즈를 제작한다. 일러스트뿐만 아니라 터프팅(tufting) 작품 등 다양한 분야에서 활동하고 있다. 하늘색과 형광 옐로를 좋아한다.

COMMENT   에너지가 넘치는 팝적인 컬러로 그리는 데 중점을 두고 있습니다. 다만, 배색을 맞출 때는 밸런스가 중요하므로 시간을 들여 신중하게 결정하며, 따뜻한 느낌을 주기 위해 종이를 오려 붙인 듯한 터치로 작업하고 있습니다. 이 기법으로 캐릭터를 만들어내는 시간이 매우 즐겁습니다. 작품은 활기차고 발랄한 외계인 '와차포 외계인'을 중심으로, 활기찬 동료들이 지구에서 와차포의 링을 펼치기 위해 분투하는 이야기를 담고 있습니다. 일상에서 기운이 없거나 우울할 때 '와차포'라고 중얼거리기만 해도 이상한 에너지가 솟아납니다. 향후에는, 상업 시설의 메인 비주얼이나 광고 등 다양한 작업을 하고 싶습니다. 그리고 캡슐토이를 너무 좋아해서 기회가 된다면 꼭 캡슐토이 제작에도 참여하고 싶습니다!

1	2		
3	4	5	

Work / 2024   5「わちゃぽの仲間たち大集合」Personal Work / 2024
1「와차포 외계인의 뼈」Personal Work / 2024   2「UFO 초밥 흡수」Personal Work / 2024   3「UFO 분재」Personal Work / 2024   4「와차포 우주인 악마」Personal Work / 2024   5「와차포 동료들 대집합」Personal Work / 2024

SPACE FLOWER
HOME
P
NINJIN CLUB
W
MACHO
S

오루·레·로 WOLRERO

X (Twitter)	WOLrero	Instagram	—	URL	lit.link/wolrero

E-MAIL wolrero.66@gmail.com

TOOL CLIP STUDIO PAINT EX / Photoshop CC / Illustrator CC / Blender / Xencelabs 펜 태블릿 Medium

PROFILE 일러스트와 만화를 제작하고 있다.

COMMENT 제작에서 중요한 것은 끝까지 완성하는 것입니다. 스타일은 상황에 따라 다양하게 구분해서 사용하지만, 가장 특징적인 표현은 데포르메 캐릭터에 사실적인 질감을 결합한 형태입니다. 향후에는 창작 활동을 이어가면서, 일러스트 작업에도 적극적으로 참여할 계획입니다.

1 『자체 제작 만화 커버 일러스트』 Personal Work / 2024　2 『서 있는 모습의 그림』 Personal Work / 2024　3 『자체 제작 만화 첫머리 그림의 일러스트』 Personal Work / 2024
4 『귀엽네』 Personal Work / 2024

SPECIAL INTERVIEW PART1

고무기코 2000이 말하는
애니메이션 작가가 본 현재의 일러스트레이션

밴드 NEE의『불혁명 전야(不革命前夜)』, 밴드 '즈토마요'의『간구레이(勘ぐれい)』의 뮤직비디오를 다룬
기예의 애니메이션 작가 고무기코 2000. 자체 제작 애니메이션 커뮤니티의 활성화를 목적으로
『#indie_anime』해시태그 확산에도 기여하며 무브먼트의 최전선에서 활동을 이어가고 있는 그에게
창작의 원동력과 지금의 상황에 대해 물어보았다.

Interview & Text : OGUMA Fumiya

— 먼저, 고무기코 2000 씨가 그림을 그리기 시작한 계기에 대해서 들려주세요.

고무기코 2000(이하 고무기코): 그림을 제대로 그리겠다고 결심한 계기는 '2016년 8월 26일'입니다. 그날은 신카이 마코토 감독의 <너의 이름은> 개봉일로, 저는 아침에 첫 회를 보러 갔는데, 그 영화를 보고 큰 충격을 받았습니다. 그래서 영화를 감상한 후 저도 애니메이션을 그리고 싶다고 생각했고, 바로 영화관 아래층에 있던 서점에 들러 스케치북과 일러스트 기법서를 사서 그림을 그리기 시작해 지금에 이르게 되었습니다.

— 원래 애니메이션에 관심이 있었나요?

고무기코 : 당시 통학을 하지 않는 고등학교에 다니고 있었기 때문에 시간을 주체하지 못해 애니메이션을 많이 보던 시기였습니다. 제가 가질 수 없는 것에 대한 동경 같은 감정이 있었는지『오레 가이루('역시 내 청춘의 러브 코메디는 잘못됐다'의 약칭)』나『빙과』같은 학원 청춘물만 보고 있었습니다.『바케모노가타리』같은 것도 좋아하고, 어쨌든 고등학생이 주인공인 애니메이션을 자주 봤기 때문에『너의 이름은』도 그런 장르라고 생각하고 보러 갔다가 충격을 받은 거죠.

— 인터넷에 작품을 공개하기 시작한 것은 언제쯤이었습니까?

고무기코 : 그림을 그리기 시작한 지 2년 정도 지나서였습니다. 그동안은 제 스스로 연습 기간이라고 생각하며 묵묵히 그림을 그리고 있었습니다. 그러던 중 대학의 경연 대회가 있어 응모용 애니메이션을 제작하게 되었는데, 모처럼 만드는 작품이니만큼 인터넷에도 공개하고 싶어 SNS와 유튜브 계정을 개설하게 되었습니다.

— 그 당시 상황에 대해서는 어떻게 보셨나요?

고무기코 : 보컬로이드(VOCALOID) 뮤직비디오를 애니메이션으로 제작하는 것은 당시 이미 당연한 상황이었고, 저도 자주 보고 있었습니다. 니코니코 동영상에서 보컬로이드로 랭킹에 오를 만한 것은 모두 체크하고 있었고, 업로드된 동영상을 새로 도착한 순서대로 보기도 했습니다. 당시에는 아보가도6 씨가 제작한 벌룬 씨의 곡 뮤직비디오 장면이 주목을 받았던 기억이 있습니다. 그렇게 해서 보컬로이드 문화에 흥미를 가지게 되었고, 주요 작가는 개별적으로 찾아보았습니다.

확대되는 '#indie_anime'의 문화
무브먼트의 기원과 미래

— 그 후 인디애니메이션 커뮤니티의 활성화를 목적으로 한 '자체 제작 애니메이션부'를 발족하고 해시태그 '#indie_anime'를 활용한 큰 무브먼트를 만들었는데, 이것은 어떤 경위로 일어난 것일까요?

고무기코 : 솔직히 무브먼트로 만들고 싶다는 목적이 있었던 것은 아니었고, 정말 갑자기 떠올라 시작하게 되었습니다. '뭔가 하고 싶다'는 생각은 막연했지만, 실제로 뭔가를 시작하지 못하고 지내던 중 어느 날 한밤중에 갑자기 생각이 난 것입니다. 생각이 났으니 바로 뭔가를 만들고 싶었고, 그 기세를 몰아 메인 비주얼을 완성해 곧바로 투고한 것이 시작이었습니다. 되돌아보면 당시의 저는 대학을 그만두고 모든 커뮤니티에서 벗어나 오로지 외롭게 지내던 시기였습니다. 그래서 잠재적으로 커뮤니티나 다른 사람들과의 연결을 원하고 있었다고 생각합니다. 그렇게 충동적으로 시작한 것이 '#indie_anime'였죠.

— 정상 궤도에 올랐다고 느끼게 된 타이밍이 있었나요?

고무기코 : 제 위치가 상승했다고 실감할 수 있었던 것은, 정말 최근 들어 현장에서 이벤트를 열게 되면서부터죠. 뭔가 특별한 계기가 있어서 분위기가 고조되었다기보다는, 모두가 서서히 분위기를 띄운 것 같은 느낌이었습니다. 매일 누군가가 어떤 작품을 올려주는 상태가 이어졌고, 2년 정도 지났을 무렵, 이런 상황이 계속 이어지고 있다는 사실이 대단하다고 생

『간구레이(勘ぐれい) / 즈토마요』MV
애니메이션::고무기코2000
2020 / 유니버설 뮤직

『불혁명 전야(不革命前夜) / NEE』MV
애니메이션::고무기코2000
2020 / NEE

각하게 되었습니다. 그래서 실제로도 이벤트가 열릴지도 모른다고 생각하게 된 것이 '인디 애니메이션 크로스 X!(Indie Anime Cross X!)'입니다. 최근 그 흐름으로 '인디 애니메이션 마켓 X!'라는 전시 및 즉석 구매 행사까지 열었기 때문에 정말 무브먼트가 커졌다는 실감을 할 수 있었죠. 어디까지나 지금의 상태는 원래 있던 흐름이 확대된 결과이지, '#indie_anime'나 '자체 제작 애니메이션부'가 없었다고 해도 언젠가는 이렇게 되었으리라 생각합니다. 광고나 뮤직 비디오 등 비교적 짧은 분량 안에서 애니메이션이 활용되고, 자체 제작으로 인해 기회를 잡은 크리에이터들이 활약하고 있어 앞으로 어떻게 전개될지 저도 기대하고 있습니다.

동료와 스튜디오를 마련하여 도전하다
저와 애니메이션의 향후

— 최근에는 일러스트레이터 겸 애니메이터인 하나부시 씨와 함께 애니메이션 제작 회사 'studio ALBLE(스튜디오 오브르)'를 시작한 점도 화제가 되고 있는데, 그 경위를 알 수 있을까요?

고무기코 : 원래는 프로듀서 와타나베 미즈키 씨가 하나부시 씨에게 회사 설립을 제안해 시작된 듯하고, 일단 회사를 만든다면, 장편 애니메이션도 제작할 수 있는 스튜디오로 만들고 싶다고 했습니다. 그래서 한 사람 더 추가하고 싶다고 하여 저한테 제의가 들어온 것이죠. 저 역시 누군가가 저를 매니지먼트해 주었으면 좋겠다고 생각하고 있었고, 언젠가는 장편에도 도전하고 싶다고 생각하던 터라, 함께 스튜디오를 설립하게 되었다는 것이 대략적인 흐름입니다.

— 애초에 하나부시 씨와는 어떻게 교류를 시작하게 되었나요?

고무기코 : 제가 코미티아(comitia)에서 하나부시 씨에게 인사한 것이 처음이었던 것 같습니다. 거기서부터 서로의 진척을 보고하거나, 작업상 통화를 하게 되어 비슷한 견해와 사고를 하는 사람이라고 생각하게 되었습니다. 나이는 12살 차이가 나지만 부담 없이 친구처럼 지내고 있어서 10년 후쯤에 나는 이런 모습일까 하고 생각해 보기도 합니다. 그만큼 친근감을 느끼고 있어서인지 스튜디오에 초대받기 전부터 언젠가는 이렇게 될 것 같다고 생각했습니다. 구체적으로 그런 이야기를 나눈 것은 아니지만, 저로서는 자연스러운 흐름이라 생각했습니다.

— 'studio ALBLE(스튜디오 오브르)'라는 회사 이름의 유래에 대해 들려주세요.

고무기코 : Google 이나 MARVEL 같은 패권을 쥐고 있는 회사들에 언어학적 공통된 음절 패턴을 바탕으로 삼고 싶다는

생각에서 시작되었고, 그것을 베이스로 조건을 좁혀 간 결과, ALBLE(오블)이 되었습니다. 음절을 우선시한 이름이긴 하지만, studio 뒤에 'ALL'과 'ABLE'을 합쳐 '무엇이든 할 수 있다'라는 의미를 담은 조어가 되었습니다. 다른 사람들이 회사 이름을 언급해도 부끄럽지 않고, 우리에게도 잘 어울린다고 생각해 좋은 이름이 되었다고 생각합니다.

— 애니메이션뿐만 아니라 한 장의 일러스트를 다루기도 하는데, 표현의 차이에 따라 생각이 다른 부분이 있습니까?

고무기코 : 일러스트의 경우에는 역시 임팩트가 중요하다고 생각하기 때문에 구도나 모티브 등 뭔가 눈에 띄는 부분을 만들고 싶어요. 반면 영상의 경우에는 같은 그림이라도 전체의 흐름이나 움직임을 우선으로 하고 있습니다. 영상에서도 그림 한 장 한 장에 임팩트를 줄 수 있다면 이상적이겠지만, 그렇게 하면 전체적으로 봤을 때 다소 딱딱한 인상을 주게 되더군요. 그래서 한 장의 그림으로도 즐길 수 있는 힘을 갖게 하고 싶다고 생각하면서도, 영상으로서의 템포와 움직임을 우선해 작업하고 있습니다. 재미없는 그림은 그리고 싶지 않다고 생각하기 때문에 그런 의미에서는 일러스트와 영상에 공통된 부분도 있지만, 전체적인 마무리를 고려해 보면 의식의 차이가 있습니다.

— 작품을 완성하는 데 가장 신경 쓰는 포인트는 무엇인가요?

고무기코 : 제가 가장 고집하는 것은 '장면 만들기'라고 생각합니다. 처음 이야기로 돌아가자면 <너의 이름은>에서 가장 충격을 받았던 순간은 음악과 영상이 겹쳐졌을 때, 말로 표현하기 어려운 감동을 느꼈습니다. 저 역시 그런 작품을 만들고 싶다는 생각에서 애니메이션을 만들기 시작했기 때문에 음악과 어우러지는 장면을 만드는 일을 무엇보다 중요하게 생각합니다.

누구라도 모든 것을 파악할 수 없을 정도의 혼돈 속에서
일관되게 추구하는 고집과 미래를 바라보는 전망

— 고무기코 2000 씨의 경우에는 '애니메이션과 일러스트레이션'이라고 할 수 있는 것처럼, 장르의 경계를 넘어 다양한 활동을 이어가는 크리에이터들이 해마다 늘어나고 있는 것 같습니다. 그러한 현재의 크리에이티브 상황에 대해서는 어떻게 보고 있습니까?

고무기코 : 상황 전체의 동향을 이야기하는 것은 솔직히 꽤 어렵습니다. 뭔가 하나의 큰 유행이 있다는 것도 아니고, 좋게 말하면 다양해지고 있다고도 할 수 있지만, 다른 말로 하면 정말 아무도 모든 내용을 파악할 수 없을 정도로 다양하게 퍼져 나가고 있는 듯합니다. 자체 제작 애니메이션 분야에만 한정

해도 국내뿐만 아니라 해외에도 다양한 상황이 있어 저도 전혀 쫓아가지 못하는 부분도 있으니까요. 트렌드의 사이클도 엄청난 속도로 바뀌어 가고 있으며, 그런 가운데 전체를 내려다보며 무언가를 말하는 것은 거의 불가능한 상황이라고 할 수 있습니다. 굳이 말하자면 그러한 '아무도 파악할 수 없는' 혼돈의 상황이 바로 현재의 크리에이티브 상황을 보여 주고 있는 것 같습니다.

— 그처럼 전에 없던 혼돈과 번영이 극에 달한 상황 속에서 고무기코 2000 씨로서는 어떤 전망을 그리고 계십니까?

고무기코: 「indie_anime」의 공식 계정을 운영하고 이벤트를 주최하기도 하지만 그때는 제 개인의 감정과는 분리해 생각합니다. 그래서 정말 전체적인 상황을 어떻게 이끌어가고 싶다는 생각을 가지고 있지는 않습니다. 애초에 저 혼자 할 수 있는 일도 아닌 것 같고요. 다만 점점 커져가는 자체 제작 애니메이션의 흐름을 보여주는 매체로서 향후에도 「indie_anime」는 계속 운영해 나가고 싶습니다. 또한 제가 하고 싶은 것은 제 아이디어를 작품이나 IP로 구체적인 형태를 만들어 가는 것입니다. 이런 일을 하고 싶다고 생각하며 충동적으로 시작하더라도 그것을 하나의 형태로 만들어 나가고, 결과적으로 일로도 이어졌으면 좋겠다고 생각합니다. 지금 조금씩 실현되고 있기도 해서 향후에는 이를 좀 더 확실하게 해 나가고 싶습니다.

고무기코 2000 KOMUGIKONISEN

애니메이션 작가. 2000년생. 노스탤지어를 불러일으키는 색채와 수제감 넘치는 터치의 애니메이션과 일러스트가 인기를 끌고 있다. 대표작품으로는 즈토마요의 「키라 킬러(Kira Killer)」 MV, NEE의 「불혁명전야」 MV 등이 있다.

「인디 애니메이션 마켓 X!」 플라이어 일러스트레이션 : 고무기코2000 / 2024

「인디 애니메이션 크로스 X!」 플라이어 / 일러스트레이션 : 고무기코2000 / 2023

「인디 애니메이션 마켓 X!」 선전 비주얼 일러스트레이션 : 고무기코2000 / 2024

SPECIAL INTERVIEW PART2

일러스트레이터 네코쇼군×편집자 히라이즈미 코지가 말하는
『사람의 창의성은 빛나는 보석』이라는 엠블럼이 만들어질 때까지

ILLUSTRATION 시리즈가 새롭게 내거는 슬로건 '사람의 창의성은 빛나는 보석'.
'보석'과 '손'을 모티브로 한 엠블럼은 이 생각을 구현한 것이다.
일러스트레이터 네코쇼군과 본지의 기획·감수를 담당하는 히라이즈미 코지 두 사람이
슬로건과 엠블럼이 생겨난 배경과 그에 담긴 생각에 대해 이야기한다.

Interview & Text : ARAI Mayuko (SHOEISHA)

— ILLUSTRATION 시리즈에서는 '사람의 창의성은 빛나는 보석'이라는 슬로건을 새롭게 내걸었습니다. 이 슬로건이 생겨난 배경에 대해서, 우선 이 책의 기획·감수를 담당하는 히라이즈미 씨부터 말씀해 주세요.

히라이즈미 코지(이하 히라이즈미): 생성 AI라는 것이 세상에 나온 지 2년 이상 지났지만 창작 분야를 비롯한 여러 분야에 여전히 큰 영향과 파장이 확산되고 있는 것 같습니다. 특히 일러스트 분야에서는 부정적인 소재도 많고, 그림을 그리는 것이 힘들어지거나, 생각하는 활동을 할 수 없게 되었다는 분도 적지 않은 것 같습니다. 창작 문화의 토양이 풍부하고, 새로운 크리에이터가 나타나기 때문에 이뤄지고 있는 ILLUSTRATION 시리즈를 제작하고 있는 입장으로서, 그런 분들이 아주 조금이라도 긍정적으로 될 수 있는 무언가를 하고 싶었습니다. 그러한 생각이 동기가 되어 '사람의 창의성은 빛나는 보석'이라는 슬로건이 탄생한 것입니다. 이 슬로건은 '이 마음만은 잊지 말자'라는 저 자신을 향한 말이기도 합니다.

— 사람의 창작 활동에 대한 존경심을 슬로건으로 삼았군요. 그렇게 탄생한 슬로건을 엠블럼으로 상징화할 때, 네코쇼군 씨에게 의뢰한 이유가 있으면 알려 주세요.

히라이즈미: 슬로건의 문구가 정해져 그것을 상징화한 엠블럼도 제작하고 싶을 때 가장 먼저 머리에 떠오른 것이 네코쇼군 씨였습니다. 네코쇼군 씨에게 알렸던 가장 큰 이유를 한마디로 말하자면 '설득력'이죠. 그림을 잘 그리는 것은 물론, 무엇보다 '그리는 것의 즐거움'이 느껴지는 그림을 그리는 분이라고 생각합니다. '사람의 창의성은 빛나는 보석'이라는 엠블럼을 제작하는데 이보다 더 적합한 분은 없을 것 같아서 이번에 부탁하게 되었습니다.

슬로건에 담은 생각을 형상화하는
'보석'과 '손'을 모티브로 한 엠블럼

— 그런 경위로 히라이즈미 씨로부터 엠블럼 제작 의뢰를 받고, 네코쇼군 씨는 어떤 생각을 하셨습니까?

네코쇼군: 그런 중요한 제작에서 의뢰를 해 주신 점은 매우 기뻤습니다. 의뢰를 받았을 때의 메일에서도 슬로건과 엠블럼에 담긴 마음과 체온이 느껴졌습니다. 제작 내용으로는 슬로건의 메시지화를 염두에 두면서 '보석'과 '사람의 손'을 모티브로 한 엠블럼을 제작해 달라는 것이었습니다. 어떻게 보면 '크리에이티브 그 자체'를 상징화하는 큰 주제라는 생각도 들었기 때문에 어떤 형태의 엠블럼이 적합할지는 상당히 고민이 되었어요. 손에는 펜을 들고 있는 편이 좋은지, 아니면 좀 더 개념적으로 접근하는 것이 좋을지. 테마가 테마인 만큼 기쁜 반면 부담감도 상당히 컸습니다.

— 러프 스케치 단계에서는 '보석'과 '사람의 손'을 모티브로 한 다양한 방향성의 아이디어를 내 주셨습니다. 어떤 러프 스케치든 완성판을 보고 싶게 만드는 매력이 있습니다.

네코쇼군: '보석'과 '사람의 손'이라는 모티브의 조합으로 정말 다양한 패턴을 생각했습니다. 작은 보석을 손끝으로 집고 있는 듯한 모양이나, 손 위에 보석이 떠 있는 듯한 모양, 깃털 펜을 본뜬 모양 등 생각해낸 아이디어를 모두 스케치해 나갔습니다. 그렇게 손을 움직이며 방향을 모색해 나가다 보니, 보석을 크게 그린 심플한 이미지가 제 마음에 마음에 와닿았습니다.

「사람의 창의성은 빛나는 보석」 엠블럼의 러프 스케치

「사람의 창의성은 빛나는 보석」 엠블럼의 러프 스케치

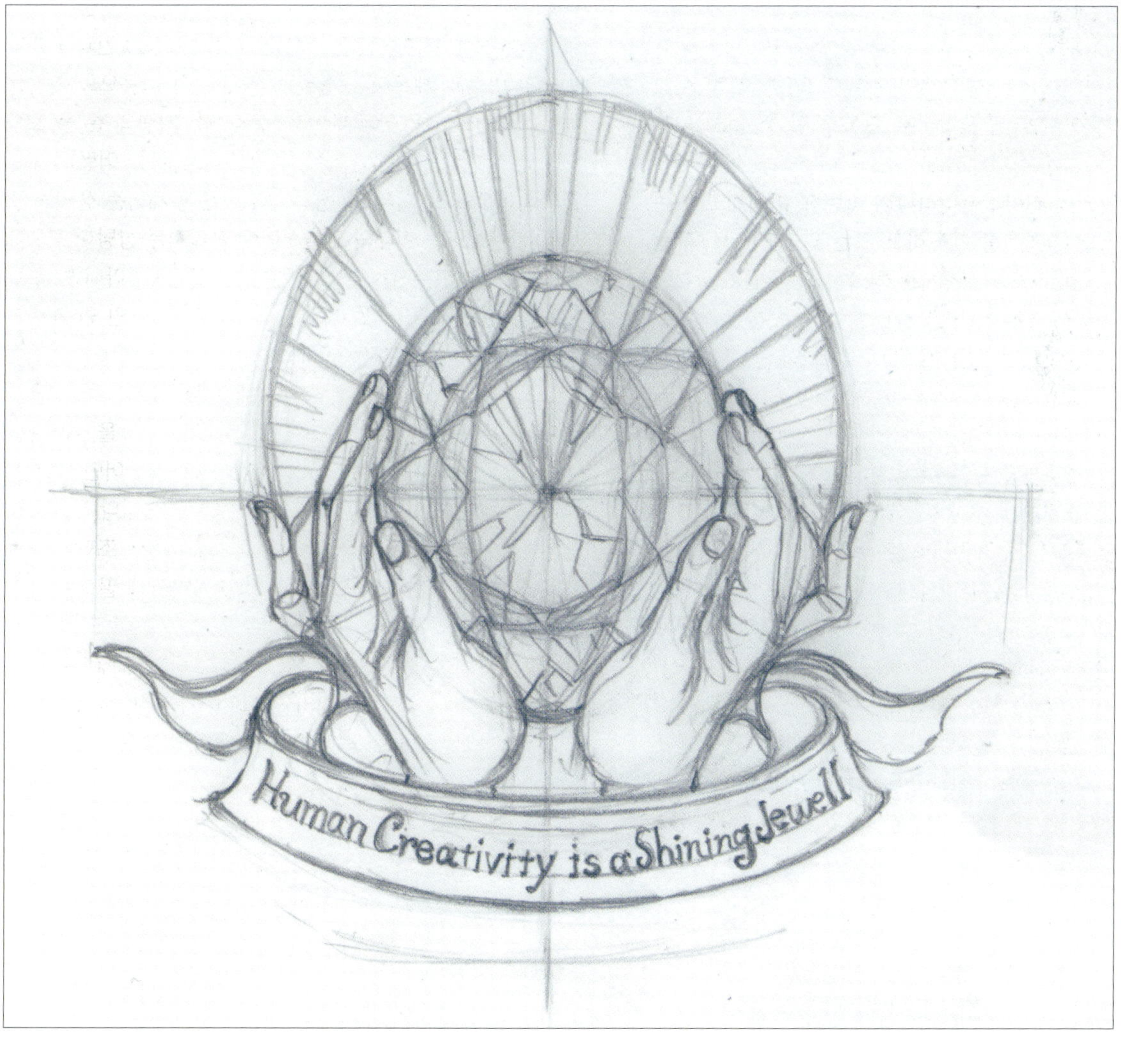

「사람의 창의성은 빛나는 보석」 엠블럼의 밑그림

히라이즈미: 반짝이는 보석을 두 손으로 들고 있는 이미지 말이군요. 명쾌한 형태로 엠블럼다운 당당한 모습이고, 슬로건의 이미지와도 딱 맞는다고 생각했기 때문에 이 방향으로 진행하기로 했습니다.

인간다움의 매력을 상징하는
손으로 직접 그리는 아날로그의 유일성

― 엠블럼을 제작할 때 특별하게 신경 쓴 부분이 있다면 알려주세요.

네코쇼군: '손으로 직접 그리는 아날로그의 유일성'이라는 것은 소중했습니다. 시종일관 정성스러운 작업을 염두에 두고 제작하지만, 엠블럼은 모두 프리핸드로 제작하기 때문에 선이 조금 흔들리거나, 언뜻 보기에는 대칭(Symmetry)처럼 보이지만 실제로는 군데군데 고르지 않은 부분이 있기도 합니다. 그런 부분도 '인간다움' 혹은 '맛'이라는 매력으로 이어졌으면 좋겠다고 생각하면서 그려나갔습니다. 참고로, 본 제작에서는 평소에 애용하는 밀리펜(피그마)과 로트링을 사용하고 있습니다.

히라이즈미: 엠블럼 디자인에서 개인적으로 궁금했던 점으로는 보석을 든 손의 '새끼손가락 모양'이 인상적이더군요. 뭔가 보살상을 연상시키는 듯한 신비로운 인상을 받았는데 이 손가락의 형태는 어떤 의도인가요?

네코쇼군: 러프 스케치 단계에서는 새끼손가락은 나와 있지 않고, 본 제작을 위한 밑그림 단계에서 손가락 모양이 굳어진 것입니다. 단순히 보석을 손으로 안고 있는 상태가 아니라, 땅에서 꽃이 피어오르는 듯한 이미지로 보석과 손이 아래에서 솟아오르는 듯한 이미지를 표현할 수 있었으면 해서 새끼손가락만 펼쳐져 있는 손 모양으로 만들었습니다. "방금 태어났어요!"라는 듯한 이미지랄까요. 이렇게 완성된 엠블럼은 모노톤 사용을 전제로 한 기본형과, 활용 장면에 따라 구분해서 사용할 수 있는 컬러 조합 4 패턴으로 제작했습니다.

― 슬로건의 이념을 멋지게 구현한 엠블럼이 되었다고 생각합니다. 마지막으로, 다시 두 분 메시지가 있으면 부탁드립니다.

네코쇼군: 사람의 창작물에는 '어떤 의도와 감정으로 만들어졌는가'라는 역사가 반드시 담겨 있으며, 이 사실만큼은 시대가 아무리 변해도 변하지 않는 보편적인 것이라고 생각합니다. 그것은 개인의 작품이든, 의뢰를 받아 제작한 것이든 상관없이 그 사람만의 삶이 반영되기 마련입니다. '만들어내는 것의 기쁨'이라는 창작의 근간에 있는 정신성은 앞으로 더욱 중요해질 것이며 저는 그것을 하나의 희망이라고 생각합니다. 그 희망의 빛을 이미지로 형상화해 이번 심볼을 디자인했습니다. 창작의

즐거움을 조금이라도 뒷받침할 수 있기를 바랍니다.

히라이즈미: ILLUSTRATION 시리즈에서는 사람마다 각자 쌓아온 '뿌리', 그런 뿌리가 있어야만 만들어낼 수 있는 그 사람만의 '개성'과 '창의성'을 무엇보다 중요하게 생각하고 있습니다. 네코쇼군 씨의 의도와 고집을 들으면서 엠블럼의 제작 과정을 이렇게 되돌아보며 '사람의 창의성은 빛나는 보석'이라는 것을 다시 한 번 깊이 실감했습니다. 이 엠블럼이 조금이라도 향후 창작 문화의 풍요로움과 희망으로 이어지기를 바랍니다.

네코쇼군 NEKOSHOWGUN
1982년생. 일러스트레이터 겸 화가. 대표작으로 게임 『롤리팝 전기톱』 캐릭터&무기 디자인, 히무로 교스케(氷室 京介) 『WARRIORS』 재킷 일러스트, 나카무라후미노리(中村文則) 『R제국』 표지 일러스트 등이 있다. 지금까지 『FEAST AND THE BEAST』 (겐코샤), 『ILLUSTRATION MAKING & VISUAL BOOK 냥이 장군』 (쇼에이샤), 2권의 작품집을 간행했다.

히라이즈미 코지 HIRAIZUMI Koji
본지 『ILLUSTRATION 2025』의 기획·감수를 담당. 2013년에 시작한 『ILLUSTRATION』 시리즈 외에 화집 『IMV』 시리즈의 기획·편집 등을 담당한다.

Human Creativity is a Shining Jewel
Human Creativity is a Shining Jewel
Human Creativity is a Shining Jewel
Human Creativity is a Shining Jewel
Human Creativity is a Shining Jewel

SPECIAL INTERVIEW PART3

일러스트레이터 야시로 나나코 × 아트디렉터 아리마 도모유키가 말하는 「ILLUSTRATION 2025」의 커버 디자인을 할 수 있을 때까지

일러스트레이션의 '현재'를 아카이브한 본서 『ILLUSTRATION 2025』.
남녀를 모티브로 한 2종류의 커버 일러스트는 강렬한 콘트라스트로 어딘가 신비로운 분위기를 자아낸다.
커버 일러스트를 담당한 야시로 나나코와 디자인을 담당한 아리마 도모유키, 이 두 사람에게
일러스트에 담은 생각과 테마, 디자인의 목적을 포함해 완성에 이르기까지의 과정을 들었다.

Interview & Text : HIRAIZUMI Koji

모든 존재가 아름답게 조화를 이루는
이상적인 다양성의 이미지를 표현할 수 있다면 / 야시로 나나코

—『ILLUSTRATION 2025』의 커버 일러스트는 야시로 나나코 씨가 그려 주셨습니다. 제작할 때 먼저 가장 무엇부터 착수하셨나요?

야시로 나나코 (이하 야시로): 제가 ILLUSTRATION 시리즈를 처음 시작한 것은 『ILLUSTRATION 2018』이었는데, 당시 설렘을 느끼며 페이지를 넘겼던 순간이 아직도 선명하게 기억에 남아 있습니다. 이 서적의 커버 일러스트를 그리는 것은 제 오랜 목표 중 하나였기 때문에 의뢰를 받았을 때 정말 기뻤습니다. 개인적인 생각도 강했기 때문에 우선 어깨에 힘이 너무 들어가지 않도록 '마음을 진정시키는 것'에 집중했습니다.

아리마 도모유키 (이하 아리마): ILLUSTRATION 시리즈의 커버 일러스트는 매번 작가의 다양성을 상징하는 존재로서 'STRA(스트라)'라는 캐릭터를 자유로운 해석으로 그리는 것만 정해져 있습니다. 이번에는 처음으로 야시로 씨가 시리즈에서 남성 모티브를 그려 주신 것입니다.

ILLUSTRATION 시리즈 최초의
남녀 모티브 캐릭터 디자인

야시로: 이번 커버 일러스트를 그리는 과정에서 일반판은, 여성 모티브로 특별판은 남성 모티브로 그려 달라는 요청을 받았습니다. 사실 캐릭터의 성별에 얽매이지 않는다면 남성 모티브로 그려보면 재미있지 않을까 하고 혼자 생각해왔기 때문에 그런 요청을 받아 반가웠습니다.

— 야시로 씨가 그리는 캐릭터는 여성뿐만 아니라 남성도 매우 매력적이라고 생각했기 때문에, 이번 기회에 남성 모티브도

꼭 그려 주셨으면 좋겠다고 생각했습니다. 남녀 모티브 지정 외에도 '일반판은 금색 배경, 특별판은 검은색 배경'으로 그려 달라는 요청도 했습니다.

야시로: 검은색 배경의 작품은 비교적 익숙하기 때문에 이미지화하기 쉽지만, 금색 배경은 그때까지 거의 그려 본 경험이 없어 그 자체가 도전이 되었습니다. '여성과 남성', '금색과 검은색'이라는 조건을 내걸면서 각자가 돋보이는 러프의 이미지를 그려 나갔습니다.

— 그 후, 야시로 씨로부터 첫 번째 러프를 제안받으셨는데, 러프 시점에서 이미 완성도가 높아서 놀랐습니다. 러프 제작에서 뭔가 고민되는 부분이 있으셨나요?

야시로: 이번 커버 일러스트 제작에서 가장 많은 시간이 소요된 부분은 '색상 선택'이었습니다. 캐릭터의 배경색이 금색과 검은색이라는 것은 정해져 있었기 때문에, 이에 맞는 컬러링을 시도하고 바꾸는 과정을 여러 번 반복하고 조정하며 색상을 결정했습니다. 블루 계열이나 퍼플 계열의 색감 등 다양한 패턴을 시도해 봤지만, 최종적으로는 그린 계열을 베이스로 한 컬러링이 가장 잘 어울린다고 느껴져, 색의 방향이 잡혔습니다. 그린 계열의 색감을 기본으로 히되 여성 모티브에는 따뜻한 색감을, 남성 모티브에는 차가운 색감을 사용해 차이를 주었습니다.

— 배경의 색감이나 캐릭터 디자인과도 잘 어울리는 인상적인 배색으로 되어 있네요. 캐릭터 디자인 의도에 대해서도 구체적으로 들려주세요.

야시로: '다양성'의 해석은 사람마다 다르겠지만 저에게 다양성이란 인간뿐 아니라 동물과 식물, 빛과 물 같은 자연환경을 포함한 모든 존재가 아름답게 조화를 이루며 공존하는 상태를 의미합니다. 그러한 이미지를 캐릭터 디자인으로 표현하고자 했습니다. 이는 크리에이터를 둘러싼 현재의 상황과도 맞닿아 있기 때문에 누군가만 이득을 보거나 손해를 보는 일이 아니라 모두가 즐겁게 활동할 수 있었으면 하는 개인적인 바람도 담아 작업을 진행했습니다.

— 바로 '삼라만상'을 떠올리게 하는 넓은 시각에서 다양성을 담아낸 디자인이군요.

야시로: 개인의 작업에서도 식물이나 동물은 즐겨 그릴 정도로 제가 좋아하는 모티브인데 이번에도 제가 정말 '좋아하는 것'을 제대로 담았다고 생각합니다. 식물처럼 세밀한 묘사와 선화 작업을 매우 좋아하기 때문에 그 작업을 하며 즐거움을 느꼈습니다.

어느 한쪽이 빠져도 성립되지 않는 '둘이 하나의 캐릭터'라는 개념으로

— 이번에는 남녀 두 캐릭터를 디자인해 주셨는데, 제작 과정에서 특히 신경 쓴 부분이 있다면 알려 주세요.

야시로: 남녀 캐릭터는 '둘이 하나의 STRA'라는 이미지로 디자인했습니다. 마치 동전의 앞면과 뒷면처럼, 어느 한쪽이 없으면 성립되지 않는 관계라고 생각합니다. 다양성에 내재된 양면성이나 성격의 차이를 의식해, 여성 캐릭터는 시선을 정면에 두고, 남성 캐릭터는 시선을 돌린 구도로 표현했습니다. 이처럼 사소한 행동의 묘사를 통해 표면적인 차이뿐만 아니라 내면적인 차이까지 표현했습니다.

— 그렇게 해서 완성된 야시로 씨의 커버 일러스트를 받은 뒤 디자이너 아리마 씨는 어떤 일을 맡게 되었습니까?

아리마: 둘이 하나의 STRA를 이루는 캐릭터 디자인으로, 그 이미지를 더욱 돋보이도록 디자인 작업을 했습니다. 각 커버 일러스트에 맞추어 타이틀 부분의 가공은 모두 무라타(村田) 금박을 입히는 방식을 채택했습니다. 조금 더 구체적으로 말하자면, 일반판에는 뉘앙스가 있는 그레이 계열의 '초콜릿'을, 특별판에는 매트한 골드 계열의 '실키 캐멀(silky camel)' 컬러 포일(Colored Foil)을 각각 선택했습니다. 또, ILLUSTRATION 시리즈에서는 이번부터 '사람의 창의성은 빛나는 보석'이라는 새로운 슬로건과 엠블럼을 적용하게

되었는데, 띠나 커버를 제외한 본체 표지의 디자인도 함께 봐 주시면 좋겠습니다.

— 마지막으로 아리마 씨가 커버 일러스트에 담은 생각이나 메시지가 있다면 부탁드립니다.

아리마: 이 인터뷰 시작 부분에서 제가 ILLUSTRATION 시리즈를 처음 착수하게 되었을 때의 이야기를 조금 했는데, 실은 그때의 저는 그림을 그릴 수 없게 된 시기였습니다. 어렸을 때부터 그림을 좋아해 계속 그려 왔지만 당시에는 제가 '좋아하는 것'이 무엇인지 알 수 없어서 아무것도 그리고 싶지 않았습니다. 그런 시기에 ILLUSTRATION 시리즈를 시작하게 되었는데 다양한 작가들의 '좋아하는 것'이 담긴 그림을 보면서 저 역시 제가 좋아하는 것이 무엇인지 떠올릴 수 있었으며 다시 즐겁게 그림을 그릴 수 있게 되었습니다. 이번에 『ILLUSTRATION 2025』에서 소개한 일러스트 작가들이 과거의 저처럼 '좋아하는 것'을 발견하는 멋진 계기가 되기를 바랍니다.

야시로 나나코 YASHIRO Nanaco
1998년생. 도쿄에 거주하는 화가 겸 일러스트레이터. 조시 미술 대학 서양화를 전공하고 졸업했다. 주로 아크릴 구아슈를 사용해 동식물이나 여성을 비롯한 다양한 모티브를 그린다. 2021년에 첫 상업화집 『원더랜드』를 출판했으며, 국내외 전시 활동뿐만 아니라 표지 일러스트와 광고 일러스트도 작업하고 있다.

아리마 도모유키 ARIMA Tomoyuki
1985년생. 컴퓨팅과 타이포그래피를 중심으로 그래픽, Web, UI 등 다양한 분야에서 디자인과 아트 디렉션을 담당하고 있다. 일본 디자인 센터의 크리에이티브 디렉터이자, 무사시노 미술 대학 기초 디자인학과 시간 강사로도 활동하고 있다.

ILLUSTRATION 2025(8851-5)

Edit by KOJI HIRAIZUMI

Original Japanese edition published by SHOEISHA Co.,Ltd.

Korean translation rights arranged with SHOEISHA Co.,Ltd. through AMO Agency

Korean translation copyright © 2026 ITDAM

* 커버 일러스트레이션: 야시로 나나코 (YASHIRO Nanaco)
* 일본판 오리지널 북디자인: 아리마 토모유키 (ARIMA Tomoyuki)

일러스트레이션 2025

초판 1쇄 발행 2026년 3월 4일

편집　　히라이즈미 코지(HIRAIZUMI Koji)
옮긴이　　박유미

책임편집 이현은　**편집** 한도윤　**디자인** 책읽는소리
제작·마케팅 이태훈　**경영지원** 김도하, 신은정　**인쇄·제본** 재영 P&B

펴낸곳　　주식회사 잇담
펴낸이　　임정원
주소　　서울특별시 강남구 언주로 93길, 28-2 상아빌딩 4층
대표전화　　070-4411-9995
이메일　　itdambooks@itdam.co.kr
인스타그램　@itdambooks

ISBN 979-11-94773-12-2 03030